国家级职业教育规划教材

全国中等职业技术学校旅游服务与管理专业教材

旅游法规

LÜYOU FAGUI

人力资源社会保障部教材办公室 组织编写

张云芳◎主编

第二版

中国劳动社会保障出版社

简介

本教材主要讲述了旅游法的基本概念，旅游者权益保护、旅行社、导游人员管理、旅游安全管理、旅游住宿管理、旅游景区管理、旅游出入境管理、旅游投诉管理等相关法规制度，并介绍了旅游服务合同相关内容。

本教材由张云芳担任主编，高蓓蓓担任副主编，代蕊、王露参加编写。书中插图由高蓓蓓绘制。

图书在版编目（CIP）数据

旅游法规 / 张云芳主编．—2 版．—北京：中国劳动社会保障出版社，2017
全国中等职业技术学校旅游服务与管理专业教材
ISBN 978-7-5167-2872-7

Ⅰ．①旅… Ⅱ．①张… Ⅲ．①旅游业－法规－中国－中等专业学校－教材
Ⅳ．① D922.296

中国版本图书馆 CIP 数据核字（2017）第 154957 号

中国劳动社会保障出版社出版发行
（北京市惠新东街 1 号　邮政编码：100029）

*

北京市科星印刷有限责任公司印刷装订　　新华书店经销

787 毫米 ×1092 毫米　16 开本　9.25 印张　173 千字
2017 年 7 月第 2 版　　2024 年 12 月第 8 次印刷
定价：18.00 元

营销中心电话：400-606-6496
出版社网址：http://www.class.com.cn
http://jg.class.com.cn

前　言

近年来，我国旅游业发展迅速，产业规模不断扩大，国家对旅游从业人员的职业素养和知识、技能水平提出了更高的要求。为了适应行业的发展以及职业学校教学的需求，我们对全国中等职业技术学校旅游服务与管理专业教材进行了修订。

在新一轮的教材修订工作中，我们收集了旅游企业对于技能型人才的具体要求以及学校使用教材的反馈意见，组织骨干教师与行业、企业专家进行充分研讨，确定重点做好以下几方面工作：

◆ 更新教材内容　根据旅游业的发展变化，补充有关旅游服务与管理的最新理念，以及在线预订、智能系统等互联网时代出现的新方法、新技术，更新与旅游有关的人文信息，使教材内容更加具有时代感和前瞻性。进一步加大技能训练的比重，在导游实务、旅行社业务等主要技能课教材中，更多地加入实践案例和操作指导，有助于学校开展一体化教学。同时，将职业道德、服务意识、礼仪规范等有机融入到教学内容、课堂问答、课后训练等环节中，以加强对学生职业素质的培养。

◆ 提升教材表现力　通过设置“案例思考”“知识链接”“课堂讨论”等不同栏目，增加教材的亲和力，激发学生的学习兴趣。同时，尽可能多地以图表代替冗长的文字叙述，使教材更加生动直观，易于学习。

◆ 加强立体化资源建设　在修订教材的同时，补充开发配套的电子课件。电子课件可通过职业教育教学资源和数字学习中心（http: //zyjy.class.com.cn）免费下载。

本套教材的编写得到了有关省市人力资源和社会保障部门以及一批中等职业技术学校的大力支持，教材的编审人员做了大量的工作，在此，我们表示衷心的感谢！同时，恳切希望广大读者对教材提出宝贵的意见和建议。

人力资源社会保障部教材办公室

目　录

第一章

chapter 1

旅游法概述

近年来，我国旅游业发展迅猛，日益成为一个国民经济重要和独立的产业。与此同时，也出现了不少需要规范的矛盾以及亟待解决的问题，这就需要旅游法进行规范和调整，来保证旅游者的权益和整个行业的有序发展。因此，学习旅游法的基本理论，熟知旅游法的调整对象，了解旅游法律关系，对旅游活动具有重要的指导意义。

学习目标

- 了解旅游法的概念及调整对象。
- 理解旅游法出台的意义。
- 掌握旅游法律关系的内涵及构成要素。
- 掌握旅游法律关系的确立以及旅游法律关系行为等具体内容。

第一节 旅游法基本概念

一、旅游法的概念

1. 广义旅游法

广义旅游法是指调整旅游活动领域中各种社会关系的法律规范的总称，即以旅游法律关系为调整对象的各种法律规范的总和。如旅游基本法、旅行社法、饭店法、旅游交通法、旅游安全法等规范旅游活动行为的法律及其配套法规、规章的总和。

2. 狭义旅游法

狭义旅游法是指经2013年4月25日第十二届全国人大常委会第二次会议通过，2013年10月1日起施行的《中华人民共和国旅游法》。

知识链接

我国旅游法出台的背景

我国旅游业发展迅速，截止到2012年年底，国内旅游人数达到29亿人次，旅游业总收入约2.57万亿元，国内旅游市场规模全球第一。但是我国旅游市场很不规范，市场恶性竞争、旅游景区管理混乱等问题较为突出，特别是“零负团费”、黑导回扣、强迫购物、景区门票大幅涨价、景区超载、旅游公共服务不足等这些问题日益严重，损害了旅游者的合法权益，制约了我国旅游业的良性发展。因此，我国迫切需要一部专门的旅游法律去规范和协调旅游行业的健康发展，2009年12月由国家发改委、国家旅游局等23个部门和有关专家成立旅游法起草组，并于2013年4月25日正式颁布《中华人民共和国旅游法》。

二、旅游法的调整对象

旅游法的调整对象，主要是指旅游活动中（包括旅游管理、旅游经营、旅游参观等）形成的体现旅游活动特点的社会关系。这正是旅游法与其他法规区别之处，旅游法的调整对象包含以下几个方面：

1. 旅游管理关系

主要是指旅游行政管理部门和旅游经营者之间的一种行政关系，表现为旅游行政管理部门对旅游经营者的指导与管理。

我国旅游行政管理部门分为三级：

一级是国家旅游局，是国务院主管旅游业的直属机构。

二级是省级旅游局，是各省、自治区、直辖市一级地方旅游行业的主管部门。

三级是各地行政区（地市级）、县级行政区旅游局。地方各级旅游局是当地旅游工作的行业归口管理部门。各级旅游局主要通过政策导向、行政处罚等手段间接管理旅游企业。

比如某一旅行社通过低价陷阱诱骗旅游者，在旅游过程中又强制旅游者购物，甚至侮辱旅游者，旅游行政管理部门可以通过责令其改正，对其进行相应的处罚，甚至吊销旅行社经营许可证等手段对旅行社进行指导和管理。

2. 旅游者和旅游经营者之间的关系

在旅游活动中，旅游者有食、住、行、游、购、娱等多种需要，而旅游经营者则向旅游者提供饮食、住宿、交通、导游和其他旅游设施等服务，旅游者通过支付费用与旅游经营者之间确立了合同关系，成为旅游服务的享用者，这样旅游者和旅游经营者之间就形成了相应的旅游权利和旅游义务关系。

3. 旅游企业之间的关系

这主要是指旅行社、旅游饭店、旅游景点、旅游交通等相关的旅游企业在协作经营时形成的社会关系。旅游活动涉及食、住、行、游、购、娱六要素，旅游企业彼此之间存在着相互依存的协作关系，这是一种互利、平等、有偿的权利和义务关系。

4. 具有涉外的旅游法律关系

随着我国旅游业的深入发展，中国公民出境旅游发展迅速，人数众多，这会涉及中国旅游者与中国旅游经营者、境外旅游经营者以及当地旅游行政管理部门之间的关系。同时，入境旅游也发展迅猛，这会涉及境外旅游者与国内旅游经营者及旅游行政管理部门之间的关系。除按照国际惯例以外，都应由我国法律进行调整。

例如，我国公民李某出境旅游，与具有出境旅游资质的 A 旅行社签订旅游合同，李某与 A 旅行社就形成了涉外的旅游法律关系。

第二节 旅游法律关系

一、旅游法律关系的含义

旅游法律关系是指由旅游法律规范所确认和调整的，在旅游活动中所形成的各方当事人享有的权利和承担的义务的关系。这些权利和义务关系由国家强制力保证实现。

旅游法律关系有如下特征：

1. 旅游法律关系的产生是以旅游法律规范为前提。
2. 旅游法律关系是以权利和义务为内容的社会关系。
3. 旅游法律关系的实现是以国家强制力为保障的。

二、旅游法律关系的构成

法律关系的构成包含三个要素，即法律关系的主体、法律关系的客体和法律关系的内容。三个要素缺一不可，任何一个要素的变更，都会导致原来的法律关系的改变。旅游法律关系也是由这三个要素构成的，具体包括：

1．旅游法律关系的主体

旅游法律关系的主体是指依据旅游法律法规享有一定权利，承担一定义务的参加者或当事人。在我国，旅游法律关系的主体包括：

（1）各级旅游行政管理部门。

（2）旅游企业（包括旅行社、饭店、旅游景点等）。

（3）旅游者。

（4）境外的旅游组织（如航空公司、旅行社等）。

2．旅游法律关系的客体

旅游法律关系的客体是指法律关系主体之间权利和义务所指向的对象。旅游法律关系的客体有以下三种：

（1）物

物是指在法律上具有一定经济价值，在法律关系中作为财产权利对象的一切有形物质财富，旅游法律关系中的物主要指旅游资源、旅游设施和旅游消费品等。

（2）行为

行为是指法律关系中主体有意识、有目的的行为，旅游法律关系中的行为主要有服务行为和管理行为，如导游服务，酒店为客人提供的住宿、就餐、外币兑换等服务。

（3）智力成果

智力成果是指法律关系中主体从事智力创造所取得的成果，如旅游企业的注册商标（见图1—1）、旅游企业的名称、专利所有权、管理模式等。它们虽然不直接体现为物质财富，但可以转化为财富。

康辉旅行社

丽思卡尔顿酒店

希尔顿酒店

图1—1　知名旅游企业的商标

3．旅游法律关系的内容

旅游法律关系的内容是指旅游法律关系的主体依法享有的权利和承担的义务，它是旅游法律关系的核心。

旅游法律关系主体的权利，是指可以依法要求义务主体做出一定的行为或不做出一定的行为，以实现自己的权利。比如旅行社不得擅自改变旅游线路，增加旅游费用等。任何旅游法律关系主体的权利都受到国家法律的保护。

旅游法律关系主体的义务，是指旅游法律关系主体必须按照规定承担其应负的义务。在旅游法律关系中权利和义务是联系在一起、不可分割的。如酒店在收取服务费用的同时，就有义务按住宿合同的约定向旅游者提供符合标准的服务设施以及相应标准的服务。

三、旅游法律关系的确立

旅游法律关系的确立是指旅游法律关系的产生、变更、终止等情形。需要具备两个条件：

1．要有一定的旅游法律事实

旅游法律事实是指符合法律规定，能够引起旅游法律关系产生、变更和终止的客观情况。不是所有的事实都可以成为法律事实，只有能够引起法律后果的客观情况，才能成为法律事实。

旅游法律事实有以下两类：

（1）事件

事件是指能够引起旅游法律关系产生、变更和终止的不以当事人意志为转移的法律事实。它可能是自然现象，如骤起的台风、突发的地震等；也可能是社会现象，如爆发战争、冲突、罢工等，事件都是由于不可抗力因素引起的。

（2）行为

行为是指以当事人的意志为转移的有意识的活动。它能引起旅游法律关系的产生、变更和终止。行为是最普遍、最广泛的法律事实，按其产生的原因和性质，可分为合法行为和违法行为两种。

2. 旅游法律行为合法有效

旅游法律行为合法有效是指行为从内容到形式都必须符合法律的有关规定，旅游法律关系的主体要有行为能力。

四、旅游法律关系的保护

旅游法律关系的保护是指国家有关部门监督旅游法律关系主体正确行使权利、切实履行义务，并对侵犯旅游法律关系合法权利或不履行法定义务的行为追究法律责任的各种措施，确保旅游法律关系各主体的合法权益不受侵犯。

1. 旅游法律关系的保护机构

（1）国家旅游行政管理部门

国家旅游行政管理部门对各种旅游法律关系负有监督和检查的责任，以督促旅游法律关系的双方当事人严格遵守法律、行政法规，履行合同约定的义务。

（2）仲裁机构

仲裁机构对旅游企业之间、旅游企业与旅游者之间发生的旅游纠纷，可依法按其合同的约定或事后双方当事人达成的仲裁协议作出裁决。仲裁协议是仲裁处理决定的形式，一方当事人不履行仲裁协议的规定，另一方当事人可以向人民法院申请强制执行。

（3）司法机构

司法机构是指行使司法权的国家机关，是国家机构的基本组成部分，是依法成立的行使国家职权的司法组织，一般是指人民法院和人民检察院。

2. 保护旅游法律关系的措施

旅游法律关系的保护，实质是对旅游法律关系主体权利的保护，是通过追究违法行为一方的法律责任来实现的。根据我国有关法律的规定，旅游法律关系的保护措施可分为以下三种：

（1）行政措施

行政措施是指旅游行政管理部门和国家行政机关对违反法律法规的单位和个人所做出的警告、罚款、责令停业整顿、没收非法所得、吊销营业执照、行政拘留等措施。

（2）民事措施

民事措施是指根据我国民法规定，判令有过错方停止侵害，排除妨碍，消除危险，返还财产，恢复原状，修理、重作、更换，赔偿损失，支付违约金，消除影响、恢复名誉，赔礼道歉。国家司法机关依法对旅游法律关系中有侵权行为或不履行义务的当事人经常采取的是支付违约金和赔偿损失等措施。

（3）刑事措施

刑事措施是指行为主体因实施了犯罪行为，触犯国家刑律而依法追究的刑事责任。人民法院依法对旅游法律关系中构成犯罪的当事人依法追究其刑事责任，主要通过刑罚来实现，是一种严厉的法律保护措施。

案例学习

云南八日游

20×× 年 7 月，某市旅游局接到游客于某等 16 人的投诉，称他们与某旅行社签订了一份旅游合同，参加该旅行社组织的“云南昆（明）大（理）丽（江）八日游”。但在旅游过程中，该旅行社安排的服务项目，有的标准与原合同的约定明显不符，如原定的三星级宾馆改为二星级宾馆，从昆明到大理，原定的豪华空调中巴变成了普通中巴，餐饮标准也低于原定标准。经旅游局核查，不仅游客们反映的情况属实，而且还发现该“旅行社”并未获得当地旅游主管部门的批准，也未在当地工商管理部门注册登记，而是由某公司的几名业务员临时拼凑而成，属于无营业执照非法经营旅行社业务。据此，当地旅游行政管理部门依法责令该“旅行社”停止非法经营，没收其全部非法所得，并处 1 万元罚款。

问题：本案中的旅游法律关系主体、客体各是什么？

评析：于某等 16 人报名参加了某旅行社组织的云南八日游，于某等 16 人是游客，是接受服务者，该旅行社为服务者，应对于某等 16 人提供旅游服务，因此，于某等 16 人与该旅行社之间形成了旅游法律关系。

思考与练习

1．查阅资料，说说我国出台旅游法有何意义？

2．旅游法的调整对象有哪些？

3．什么是旅游法律关系的保护？旅游法律关系的保护机构有哪些？

4．举例说明旅游法律关系客体的智力成果有哪些？它对旅游企业有什么意义？

5．以自己的一次旅游为例，说说作为一名旅游者都和哪些旅游企业建立了相应的旅游关系？

6．旅游者应如何利用法律法规保护自己的合法权利？

第二章

旅游者权益保护法规制度

chapter 2

近年来，随着我国旅游业的迅猛发展，与此相关的旅游纠纷在不断增加，以次充好、强迫购物等侵害旅游者权益的现象频频发生，甚至影响了旅游业的健康发展。

旅游法强调以人为本，注重维护旅游者的合法权益，明确了旅游者的基本权利，如自主选择权、知悉真情权、受尊重权利等，通过立法保证旅游者的基本权益。同时旅游法又对旅游者的行为进行规范和约束，规定了旅游者的基本义务，如旅游者应文明出行、安全配合等义务。并明确了旅游纠纷的解决途径及侵犯旅游者合法权益应承担的法律责任。

学习目标

- 了解旅游法赋予旅游者的基本权利。
- 熟知旅游者出行的基本义务。
- 掌握旅游者权益争议的解决途径。

第一节　旅游者的权利

旅游者是旅游活动的主体，其合法权益能否受到有效保护，事关旅游业能否健康发展的大局。

一、自主选择权

旅游者在购买旅游产品和服务时，享有与旅游经营者进行公平交易的权利。可以自主选择价格合理的旅游产品和服务，表现为：

1．拒绝强制交易权

在旅游过程中，旅游经营者擅自变更旅游行程，终止旅游活动，诱骗旅游者参加另行付费旅游项目，强迫旅游者定点购物等强制交易行为，旅游者有权拒绝。

2．合同转让权

旅游者有权在旅游行程开始前，将包价旅游合同中自身的权利义务转让给第三人，增加的费用由旅游者和第三人承担。

3．合同解除权

旅游合同订立后，因未达到约定人数不能出团时，旅游者不同意组团社委托其他旅行社履行合同的，有权解除合同，并要求退还已收取的全部费用。旅游行程结束前，旅游者解除合同的，组团社应在扣除必要的费用后，将余款退还旅游者。

二、知悉真情权

《旅游法》第九条　旅游者有权自主选择旅游产品和服务，有权拒绝旅游经营者的强制交易行为。旅游者有权知悉其购买的旅游产品和服务的真实情况。旅游者有权要求旅游经营者按照约定提供产品和服务。

旅游者的知悉真情权是指旅游者知悉、获取信息的自由与权利，旅游者有权要求宣传信息真实，具体表现为：

1．旅游经营者提供的各项信息必须真实准确

包括在宣传手册中载明的信息、行程安排、价格等，对旅游中存在的风险必须予以

充分提示，不能做夸大或者虚假宣传，误导、诱骗旅游者购买其旅游产品和服务。

2．有权要求旅游经营者提供真实的情况

包括详细载明地接社的名称及相关信息。如果签约的旅行社是受其他旅行社的委托代理销售包价旅游产品的，应当载明委托社和签约旅行社的名称及相关信息，方便旅游者知道为其提供服务对象的真实身份，在发生问题和纠纷时，能够及时维护自身的合法权益。

3．有权获知旅游产品和服务的真实详情

要求旅游经营者提供行程、项目的具体安排，入住饭店的星级情况，乘坐交通工具的种类和级别等信息。

阅读资料

低价旅游的陷阱

根据近年来旅游投诉的热点来看，零团费、特价团多是充满诱惑的消费陷阱，让人防不胜防。

陷阱一：低价让你怦然心动　因为价格明显低于成本价，其结果必然是以降低旅游质量和吃住标准，缩短旅游行程，增加购物时间和次数，增加自费项目来弥补。

陷阱二：住宿标准被降低　游客常常遇到旅行社擅自降低住宿标准的情况，例如合同约定是四星级酒店，但实际却是正在参加评比四星级的三星级酒店。

陷阱三：餐饮标准被降低。

陷阱四：景点缩水　部分旅行社将某些旅游项目省去，减少开支，实际旅游中很多景点只是在汽车上路过而已，根本没有让游客停留下来仔细游览的时间。

还有旅游项目被擅自增减，被导游强迫带去购物，购买的商品“以次充好”等陷阱，发生纠纷时固然可以到相关部门维权，但是事先擦亮眼睛更重要。

三、受尊重权

《旅游法》第十条　旅游者的人格尊严、民族风俗习惯和宗教信仰应当得到尊重。

《旅游法》第十一条　残疾人、老年人、未成年人等旅游者在旅游活动中依照法律、法规和有关规定享受便利和优惠。

受尊重权是指旅游者在从旅游经营者处购买、使用旅游产品以及接受旅游服务的过程中，其人格尊严、民族风俗习惯和宗教信仰应当得到旅游经营者及其工作人员的尊重和保护，这是旅游者的基本权利。

具体体现为：

1. 旅游经营者不得侮辱、谩骂旅游者。
2. 旅游经营者不得限制旅游者的人身自由。
3. 旅游者的民族风俗习惯、宗教信仰受到尊重。
4. 特殊群体的旅游者要受到照顾。

案例学习

香格里拉的梦魇

央视2013年10月6日报道，游客梁某在8月份与丽江某旅行社签订了前往香格里拉的旅游合同。在旅游途中，两名导游段某和张某强行向游客收取100元到藏民家访的“自费项目”，由于梁某等6人不愿意参与，导游段某就恶言相向，进行人身攻击，而张某则强行将梁某等人赶下旅游大巴车，这几名游客被扔在前不着村后不着店的地方，严重损害了他们的合法权益，使他们的身心受到了严重的伤害。后来这几名游客向丽江旅游局进行了投诉，旅游行政管理部门对相关旅行社和导游进行了处罚。

问题：在上述案例中，导游侵害了旅游者的哪些权利？

评析：在这起案例中，两名导游侵害了游客梁某等人的自主选择权和受尊重权，表现为：强制要求梁某等人到藏民家访，在游客不同意的情况下，恶语相加，还进行人身攻击，甚至把这几名游客强行赶下车，违反了《旅游法》的规定，在旅游过程中，旅游者的人格尊严和人身自由都要受到保护，这是公民的基本权利。

四、救助请求权

《旅游法》第十二条 旅游者在人身、财产安全遇有危险时，有请求救助和保护的权利。旅游者人身、财产受到侵害的，有依法获得赔偿的权利。

旅游者在人身、财产安全遇到自然灾害或是人为因素造成的危险时，有权请求旅游经营者、当地政府和相关机构进行救助。

当前，存在较为普遍的情况是，一些旅游者为了追求新奇、刺激，无视当地“请勿入内”的安全警示，擅自到一些尚未开发的地方自行“探险”。在这种情况下，一旦旅游者人身、财产安全遇有危险时，虽有请求救助和保护的权利，但由于当地不具备旅游的安全设施或是因为地形奇特等原因而容易贻误救援时机。因此，保护人身、财产安全，也是旅游者自己的重要责任。

五、损害赔偿请求权

旅游者在接受旅游经营者提供的旅游服务时，如受到人身和财产损害，享有依法获得赔偿的权利。

如景区将其部分经营项目或者场地交由他人从事住宿、餐饮、购物、游览等项目的经营，对旅游者人身、财产造成损害的，旅游者有权要求景区就实际经营者给旅游者造成的损害承担连带责任。旅行社具备履行条件，经旅游者要求仍拒绝履行合同，造成旅游者人身、财产损害，滞留等严重后果，旅游者有权要求旅行社支付一定数量的赔偿金。

第二节 旅游者的义务

近年来，我国旅游者在出游中出现了许多不文明现象，不仅损害了旅游的美感，也严重影响了我国的国际形象。旅游法不仅保护旅游者的权益，也规定了旅游者的义务，旅游者的主要义务如下：

一、文明旅游的义务

《旅游法》第十三条 旅游者在旅游活动中应当遵守社会公共秩序和社会公德，尊重当地的风俗习惯、文化传统和宗教信仰，爱护旅游资源，保护生态环境，遵守旅游文明行为规范。

1．遵守社会公共秩序，约束自身言行

在外出旅游时，旅游者要遵守社会公共秩序，入乡随俗，在公共场合要注重礼仪修养，考虑他人感受，约束自己，做一个文明的旅游者。

2．尊重旅游目的地的习俗和宗教信仰

旅游者应尊重和维护文化的多样性，文明出行，尊重当地的风俗习惯和宗教信仰，不给当地居民带来负担，避免因违反当地禁忌而发生的旅游者自身安全受到威胁等不愉快事件。尊重当地的文化习俗，才能体验到其他民族和地区独特的文化韵味，真正感受到不同的文化内涵。

阅读资料

我国游客的不文明表现

近年来中国游客在境外的不文明旅游行为屡屡被曝光，从埃及卢克索神庙上的××到此一游，影星黄渤在帕劳潜水时捞上来中华牌香烟盒子，到泰国著名的旅游景点白庙因中国游客不文明的如厕行为，而拒绝接待中国游客，甚至在法国普罗旺斯南法薰衣草田里，两个小伙为了争夺有利的照相位置而大打出手。总结一下我国游客的不文明表现有：

☹ 喜欢争抢拥挤，购物、参观时插队加塞，闯红灯。

☹ 不讲卫生，随地吐痰。

☹ 喜欢在景点乱写乱画。

☹ 乱丢垃圾，如厕不冲水。

☹ 忽视餐厅礼仪，吃饭时大声喧哗。

☹ 脏话连篇，举止粗鲁，缺乏基本的社交修养。

☹ 在教堂、寺庙等宗教场所嬉戏、玩笑，不尊重当地居民风俗。

☹ 不修边幅，着装随意，穿着背心拖鞋出入一些正式场合。

以后游客的这种不文明行为，不仅要受到行政处罚，造成严重社会不良影响的，应当纳入旅游部门的“游客不文明行为记录”，纳入到个人信用记录。

知识链接

泰国旅游的习俗与禁忌

泰国以其独特的异域风情、海景风光成为最受中国人喜爱的旅游目的地之一，因此了解泰国的习俗才能在旅游中不会出现难堪。泰国是一个信奉佛教且十分注重礼仪规范的国度，在公开场合情侣之间不要太过亲昵，进入寺庙，要脱鞋，不可以拍照和摄像，不能大声喧哗。在泰国文化中，头是神圣而不可侵犯的，不允许人们用手碰他们的头。泰国人对皇室是非常尊重的，不论在什么场合都不要随便议论泰国皇室。在泰国街上会看到僧人，女士不要去触碰他们，因为这样会影响他们。泰国人吃饭用右手，给别人递东西时也用右手，以示尊敬。如不得已要用左手时，应先说声“左手，请原谅”。

二、不损害他人合法权益的义务

《旅游法》第十四条　旅游者在旅游活动中或者在解决纠纷时，不得损害当地居民的合法权益，不得干扰他人的旅游活动，不得损害旅游经营者和旅游从业人员的合法权益。

旅游者在旅游活动中，会与其他旅游者、当地居民以及旅游经营者等打交道，有可能会产生纠纷，在处理这些关系时，以不干扰他人的旅游活动，不侵犯他人的合法权益为基础，是对旅游者的基本要求，也是法定义务。

实践中出现过过激维权的情况，比如发生纠纷时有的旅游者采取拒绝登机、登船等行为，损害了他人的合法权益，有的旅游者甚至殴打旅游从业人员，这些都是旅游法所禁止的，造成损失的旅游者要承担赔偿责任。

案例学习

亚航泼面事件

2014 年 12 月 11 号晚，原定于泰国曼谷飞往南京的亚航 FD9101，在起飞之后，因两名乘客侮辱空姐而使飞机折返。飞机起飞后不久，一名女乘客拿出自己的泡面，找空姐要开水，空姐解释飞机刚起飞不方便提供热水，其男友就把果壳、食物扔在过道上，并且很大声地骂脏话。随后空姐送来开水，告知需要支付60泰铢（因为廉价航空一般只提供矿泉水和面包），男子付费后一直索要发票，其女友突然把自己泡好的方便面泼向空姐，同时男子扬言要炸飞机。飞机乘务长要求女乘客道歉，遭到拒绝，导致该航班原机返航，严重损害了其他乘客的权益。这两名肇事者因威胁航空安全被泰国警方带走并处以罚款，这起事件造成了非常恶劣的社会影响，损害了我国的国际形象。

问题：

1. 这两位乘客行为有什么失当之处？

2. 该如何避免此类事件的发生？

评析：这两位乘客行为的失当之处表现为：因为在飞机上的要求得不到满足，就扔废物、骂脏话，甚至把方便面泼向空姐，这种维权过激的行为致使飞机折返，严重损害了其他乘客的合法权益，也损害了我国的国际形象，违反了《旅游法》第十四条的规定，在处理纠纷时不侵犯他人的合法权益是旅游者的法定义务。

为了避免此类事件的发生，大家应该文明出游，遵守社会公共秩序，约束自己，尊重他人的权益；同时也要加大对游客不文明行为的处罚力度，使其不文明行为影响到个人信用。

三、告知健康信息，遵守安全警示规定

《旅游法》第十五条 旅游者购买、接受旅游服务时，应当向旅游经营者如实告知与旅游活动相关的个人健康信息，遵守旅游活动中的安全警示规定。

旅游活动虽可以放松休闲，但有的旅游活动有一定的风险，对旅游者的身体健康有一定要求，如贫血和高血压的人就不适合高原旅游，更不适合水上摩托艇、冲浪等高风险项目。旅游者要如实告知个人的健康信息，以减少安全隐患，旅游者的这一告知义务，是对自身安全、其他旅游者安全的负责，也是与旅游经营者诚信缔约、履约的要求。旅游者还需遵守旅游活动中的安全警示规定。

四、安全配合义务

旅游者应当遵守旅游活动中的安全警示规定，不得携带危害公共安全的物品。旅游者对国家应对重大突发事件暂时限制旅游活动的措施，以及有关部门、机构或者旅游经营者采取的安全防范和应急处置措施，应当予以配合；违反安全警示规定，或者对国家应对重大突发事件暂时限制旅游活动的措施、安全防范和应急处置措施不予配合的，依法承担相应责任；接受相关组织或者机构的救助后，应当支付应由个人承担的费用。

五、遵守出入境管理规定

《旅游法》第十六条　出境旅游者不得在境外非法滞留，随团出境的旅游者不得擅自分团、脱团。入境旅游者不得在境内非法滞留，随团入境的旅游者不得擅自分团、脱团。

1. 出境旅游者不得在境外非法滞留

出境旅游者前往其他国家或者地区，一般需要取得前往国签证或者其他入境许可证明。该签证或者其他入境许可证明上载有入境有效期、停留期间等事项，出境旅游者不得超出签证有效期、超出停留期间在境外非法滞留。

2. 随团游客不得擅自分团、脱团

旅游者出境旅游擅自分团、脱团，目的是非法滞留境外，会产生非常恶劣的国际影响。旅游法禁止随团出境的旅游者擅自分团、脱团，同时也禁止入境旅游者在境内擅自分团、脱团，非法滞留，旅行社及接待出入境旅游的企业发现旅游者有分团、脱团的违法行为应及时向公安机关及旅游主管部门报告。

第三节　旅游者权益争议的解决

在旅游服务的过程中，由于旅游经营者不依法履行义务或履行义务不符合约定，会损害旅游者的合法权益，旅游者应通过合法的途径去解决旅游纠纷，维护自己的权益。

一、旅游纠纷的解决途径

《旅游法》第九十二条　旅游者与旅游经营者发生纠纷，可以通过下列途径解决：

（一）双方协商；

（二）向消费者协会、旅游投诉受理机构或者有关调解组织申请调解；

（三）根据与旅游经营者达成的仲裁协议提请仲裁机构仲裁；

（四）向人民法院提起诉讼。

1．双方协商

双方协商又称双方和解，即由旅游者和旅游经营者双方协商，在自愿平等的基础上，本着解决问题的诚意，通过摆事实讲道理，交换意见互谅互让，从而协商解决争议的一种方法。

优点：直接、及时、平和，成本较低，对双方都有利。

缺点：无强制力和约束力，易使少数漠视旅游者权益的旅游经营者，故意推诿、逃避责任，延迟时间，使旅游者的权益受到损害。

2．调解

调解是指在中立第三方的主持下，通过劝解、疏导等方式，由双方当事人就有关争议的问题进行协商，自愿达成协议。调解人在争议双方当事人之间斡旋，必须遵循自愿、合法的原则。

调解第三方的选择，旅游争议双方可以向消费者协会申请调解，也可以向旅游投诉机构申请调解，此外人民调解委员会具有法定的调解功能。根据我国现行法律法规，除经人民调解委员会调解并经人民法院司法确认的调解协议外，一般的调解协议，不具有法律强制力，由双方自愿履行，一旦当事人一方或双方反悔，则需通过其他途径再行解决。

3．仲裁

仲裁是指当事人自愿将争议提交仲裁机关裁决以解决争议的一种法律制度，是解决民事纠纷比较简单、快捷的一种方式。

采用仲裁方式解决争议应注意以下问题：

（1）必须是事先双方签有仲裁协议，或发生争议后达成仲裁协议的，否则不予受理。

（2）由双方通过协议自愿选择仲裁机构，有利于纠纷的迅速解决。

（3）仲裁实行一裁终局制。

裁决作出后，除被人民法院裁定撤销或者不予以执行的之外，产生法律效力。当事人就同一争议再申请仲裁或者向人民法院起诉的，仲裁委员会或人民法院不予以受理。

4．诉讼

诉讼是人民法院代表国家通过行使司法审判权来解决争议的一种途径。人民法院作出的判决或裁定一经生效，就有国家强制力保证其实施，具有最高的权威性和最终的决定力。

旅游纠纷主要是旅游者与旅游经营者之间就民事权益所产生的争议，应按民事诉讼程序进行。需要说明的是，双方协商、调解不是提起诉讼的必经程序，只要一方认为有必要，即可直接向法院提起诉讼。

知识链接

推选代表人制度

旅游纠纷中的旅游者一方，往往人数较多，且通常有共同的请求。为节约旅游者解决纠纷的成本，方便旅游者实现其诉求，旅游者可以推选代表人参加纠纷解决。《旅游法》第九十四条规定，旅游者与旅游经营者发生纠纷，旅游者一方人数众多并有共同请求的，可以推选代表人参加协商、调解、仲裁、诉讼活动。

二、赔偿主体的法律规定

一般情况下有四种赔偿主体会让旅游者权益受到损害，具体如下：

1. 旅游经营者

旅游者在购买、使用旅游产品时，其合法权益受到损害的，可以向旅游产品销售者（通常为组团社）要求赔偿。旅游产品销售者赔偿后，属于生产者的责任或者属于向销售者提供商品的其他销售者（如地接社、酒店、景区、餐厅等）责任的，销售者有权向生产者或者其他销售者要求赔偿。属于生产者责任的，销售者赔偿后，有权向生产者追偿。属于销售者责任的，生产者赔偿后，有权向销售者追偿。消费者在接受服务时，其合法权益受到损害的，可以向服务者要求赔偿。

2. 变更后承受其权利义务的旅游企业

旅游者在旅游过程中，其合法权益受到损害，因原企业分立、合并的，可以向变更后承受其权利义务的旅游企业要求赔偿。

3. 营业执照的持有人或者使用他人营业执照的违法经营者

使用他人营业执照的违法经营者提供产品或者服务，损害旅游者合法权益的，旅游者可以向其要求赔偿，也可以向营业执照的持有人要求赔偿。

4. 虚假广告的经营者

旅游者因经营者利用虚假广告提供商品或者服务，其合法权益受到损害的，可以向经营者要求赔偿。广告的经营者发布虚假广告的，消费者可以请求行政主管部门予以惩处。广告的经营者不能提供经营者真实名称、地址的，应当承担赔偿责任。

三、侵犯旅游者合法权益的法律责任

1. 民事责任

旅游经营者在提供旅游服务时有侵害旅游者合法权益的，应首先按照消费者权益保护法的规定承担民事责任。该法没有特别规定的，则应当按照有关法律、行政法规的规定承担民事责任。

（1）人身损害的民事责任

1）旅游经营者提供商品或者服务，造成消费者或者其他受害人人身伤害的，应当支付医疗费、治疗期间的护理费、因误工减少的收入等费用；造成残疾的，还应当支付残疾者生活自助具费、生活补助费、残疾赔偿金以及由其扶养的人所必需的生活费等费用。

2）旅游经营者提供商品或者服务，造成旅游者或者其他受害人死亡的，应当支付丧葬费、死亡赔偿金以及由死者生前扶养的人所必需的生活费等费用。

3）旅游经营者提供旅游服务时，侵害消费者的人格尊严或人身自由的，应当停止侵害、恢复名誉、消除影响、赔礼道歉，并赔偿损失。

（2）财产损害的民事责任

1）旅游经营者提供旅游服务，造成旅游者损害的，应当按照旅游者的要求，通过退还服务费用或者赔偿损失等方式承担民事责任。旅游者与旅游经营者另有约定的，按照约定履行。

2）旅游经营者以预收款的方式提供旅游服务的，应当按照约定提供；未按照约定提供的，应当按照旅游者的要求履行约定或者退回预付款，并应当承担预付款的利息和旅游者因此必须支付的合理费用。

2. 行政责任

2014 年施行的《消费者权益保护法》第五十六条规定，经营者有下列情形之一的，除承担相应的民事责任外，其他有关法律、法规对处罚机关和处罚方式有规定的，依照法律、法规的规定执行；法律、法规未作规定的，由工商行政管理部门责令改正，可以根据情节单处或者并处警告、没收违法所得、处以违法所得一倍以上十倍以下的罚款，没有违法所得的，处以五十万元以下的罚款；情节严重的，责令停业整顿，吊销营业执照：

（1）提供的商品或者服务不符合保障人身、财产安全要求的。

（2）在商品中掺杂、掺假，以假充真，以次充好，或者以不合格商品冒充合格商品的。

（3）生产国家明令淘汰的商品或者销售失效、变质的商品等十种情形。

3. 刑事责任

《旅游法》第一百一十条 违反本法规定，构成犯罪的，依法追究刑事责任。

可能构成犯罪的行为主要包括以下几种：

（1）非法经营罪

旅游经营者故意从事非法经营活动，扰乱市场秩序，情节严重的，可能构成非法经营罪。

（2）生产、销售伪劣商品罪

旅游经营者在产品中掺杂、掺假，以假充真，以次充好，或者以不合格产品冒充合格产品，销售金额达 5 万元以上的行为，可能构成生产、销售伪劣商品罪。

（3）强迫交易罪

旅游经营者及其从业人员在经营活动中违反公平自愿的原则，以暴力、威胁手段强买强卖商品、强迫旅游者接受其服务的行为，达到一定的严重程度，或者给他人造成了一定程度的危害后果的，可能构成强迫交易罪。

（4）虚假广告罪

旅游经营者违反规定，利用广告对商品或者服务作虚假宣传，情节严重的，可能构成虚假广告罪。根据《刑法》第二百二十二条的规定，广告主、广告经营者、广告发布者违反国家规定，利用广告对商品或者服务作虚假宣传，情节严重的，处二年以下有期徒刑或者拘役，并处或者单处罚金。

（5）诈骗罪

旅游经营者在经营过程中欺诈行为严重的，可能构成诈骗罪。根据《刑法》第二百六十六条的规定，诈骗公私财物，数额较大的，处三年以下有期徒刑、拘役或者管制，并处或者单处罚金；数额巨大或者有其他严重情节的，处三年以上十年以下有期徒刑，并处罚金。数额特别巨大或者有其他特别严重情节的，处十年以上有期徒刑或者无期徒刑，并处罚金或者没收财产。

（6）商业贿赂方面的犯罪

旅游从业人员利用职务上的便利，索取他人财物或者非法收受他人财物，为他人谋取利益，或者在经济往来中，利用职务上的便利，违反国家规定，收受各种名义的回扣、手续费，归个人所有的，可能构成受贿罪。

案例学习

缩水的旅游

20×× 年劳动节前夕，张某在报纸上看到某旅行社推出的一条旅游线路广告。该广告称，这条线路在本地是目前同类旅游线路中价格最便宜、旅游景点最多、项目最齐全的旅游线路。张某来到该旅行社，仔细阅读了该旅游线路说明书，并向旅行社服务人员咨询，所了解的内容与广告上的完全一致。于是，张某在旅行社当场交付了此次旅游线路的全部费用，并按时参加了该旅行社组织的旅游活动。可是在旅游过程中，张某发现实际情况与广告和说明书并不相符，有许多景点根本没有游览，旅游项目也没有广告和旅行社服务人员解释的那么齐全。因此，张某要求旅行社退还部分费用，但旅行社以种种理由拒绝退款。张某遂向法院起诉，要求旅行社退还部分旅游费用，并赔偿损失。

问题：本案例中，该旅行社侵犯了张某哪些合法权益？是否有欺诈行为？法院应怎样判处才能保护旅游者的合法权益？

评析：这家旅行社侵犯了张某等人的知悉真情权，《旅游法》第九条规定，旅游者有权知悉其购买的旅游产品和服务的真实情况，旅游经营者应按照约定提供产品和服务。该旅行社向旅游者介绍旅游线路时刻意夸大和隐瞒，与事实严重不符，存在欺诈行为。法院应判旅行社退还张某没有消费的费用。

思考与练习

1．如何理解旅游法约定旅游者文明出行的义务？作为一名旅游者应该如何做到文明出行？

2．旅游者与旅游经营者发生纠纷时，有哪些解决旅游纠纷的途径？

3．什么是旅游者受尊重权？有哪些具体的体现？

4．在旅游活动中，旅游者为什么要如实告知个人的健康信息？

5．我国旅游法禁止出境旅游者擅自分团、脱团，请说说旅游者这样的行为有哪些危害？

6．近年来，旅游维权过激的情况时有发生，你认为旅游者在维权时应遵循哪些原则？

第三章

旅行社法规制度

chapter 3

旅行社通过出售旅游产品、安排组织旅游活动等工作，把旅游活动的各个要素串联起来，是旅游行业的支柱产业之一。旅行社必须遵守《旅游法》和《旅行社管理条例》的相关规定，维护旅游者的合法权益，熟知旅行社违规时应承担的法律责任。

学习目标

- 了解旅行社的概念及设立旅行社应具备的条件。
- 掌握旅游服务质量保证金的含义及用途。
- 熟知旅行社的经营规则及应该承担的法律责任。

第一节 旅行社的设立

旅行社是指从事招徕、组织、接待旅游者活动，为旅游者提供相关旅游服务，开展国内旅游业务、入境旅游业务或者出境旅游业务的企业法人。

一、旅行社的业务内容

1. 从事招徕、组织、接待旅游者的旅游服务

包括安排交通服务，住宿服务，餐饮服务，观光游览、休闲度假服务；导游、领队服务；旅游咨询、旅游活动设计服务等。

2. 接受委托并提供旅游服务

（1）代订业务。接受旅游者的委托，代订交通客票，代订住宿，代办出境、入境、签证手续（应当由具备出入境旅游业务经营权的旅行社代办）等。

（2）接受团体委托，提供代办事务。接受企事业单位等团体委托，为其提供差旅、展览等活动，代办交通、住宿、餐饮、会务等事务。

（3）其他旅游服务。包括接机、旅游线路设计、租车以及国际驾照换领等有偿服务。

二、旅行社的业务范围

《旅游法》第二十九条规定，旅行社的业务范围有如下几个方面：

1. 境内旅游业务

境内旅游业务是指旅行社招徕、组织和接待中国内地居民在境内旅游的业务。

2. 入境旅游业务

入境旅游业务是指旅行社招徕、组织、接待外国旅游者来我国旅游，香港、澳门特别行政区居民来内地旅游，台湾地区居民来大陆旅游；以及招徕、组织、接待在中国内地的外国人，在内地的香港、澳门特别行政区居民和在大陆的台湾地区居民在境内旅游的业务。

3. 出境旅游业务

出境旅游业务是指旅行社招徕、组织、接待中国内地居民出国旅游，或是赴香港、

澳门特别行政区和台湾地区旅游，以及招徕、组织、接待在中国内地的外国人，在内地的香港、澳门特别行政区居民和在大陆的台湾地区居民出境旅游的业务。

4. 边境旅游业务

边境旅游业务是指经批准的旅行社组织和接待我国及毗邻国家的公民，集体从指定的边境口岸出入境，在双方政府商定的区域和期限内进行的旅游活动。

5. 其他旅游业务

其他旅游业务是指旅行社可以接受机关、事业单位的委托，为其差旅、考察、会议等公务活动，代办交通、住宿、餐饮、会务等事务；接受企业委托，为其商务活动或奖励旅游，代办交通、住宿、餐饮、观光、休闲度假等事务。

三、设立旅行社的条件

申请设立旅行社，应当具备下列条件：

1. 有固定的经营场所

经营场所是旅行社从事旅游经营活动的处所，根据目前《旅行社条例实施细则》的规定，经营场所应符合下列要求：

（1）拥有产权的营业用房；或者租用的，租期不少于 1 年的营业用房。

（2）满足申请者业务经营的需要。

2. 有必要的营业设施

至少包括下列设施、设备：

（1）2 部以上的直线固定电话。

（2）传真机、复印机。

（3）具有与旅游行政管理部门及其他旅游经营者联网条件的计算机。

3. 有符合规定的注册资本

根据现行《旅行社条例》规定，申请设立从事境内旅游业务和入境旅游业务的旅行社，至少需要 30 万元人民币注册资本。

知识链接

注册资本

注册资本又称额定资本，是指旅行社成立时所填报的财产总额，是旅行社承担债务的一般担保财产，《旅游法》统一了旅行社注册资本的标准不低于 30 万元，不再区分国际旅行社和国内旅行社，使得旅行社的行业准入门槛降低。

4. 有必要的经营管理人员和导游

导游服务既是旅行社专属业务，也是包价旅游中最基础、最常见的服务，导游只能由旅行社委派才能从事导游服务，这就要求旅行社有必要数量的专职导游，同时经营管理人员对企业经营服务和发展非常关键，因此，旅行社应当有必要的经营管理人员。

5. 行政法规规定的其他条件

旅行社通常是企业法人，在我国最主要的企业法人就是公司，包括有限责任公司和股份有限公司。当旅行社是有限责任公司或者股份有限公司时，关于旅行社的设立条件，旅游法没有规定，公司法有规定的，适用公司法的规定。另外，《旅行社条例》等行政法规也规定了一些具体条件，设立旅行社时，也应符合行政法规的具体规定。

四、设立旅行社的程序

1. 申请

申请设立旅行社，应当向省、自治区、直辖市旅游行政管理部门提交下列文件：

（1）设立申请书。内容包括申请设立的旅行社的中英文名称及英文缩写，设立地址，企业形式、出资人、出资额和出资方式，申请人、受理申请部门的全称、申请书名称和申请的时间。

（2）法定代表人履历表及身份证明。

（3）企业章程。

（4）依法设立的验资机构出具的验资证明。

（5）经营场所的证明。

（6）营业设施、设备的证明或者说明。

（7）工商行政管理部门出具的《企业名称预先核准通知书》。

2. 取得业务经营许可证

（1）国内旅游业务和入境旅游业务

受理申请的旅游行政管理部门应当自受理申请之日起 20 个工作日内作出许可或者不予许可的决定。予以许可的，向申请人颁发旅行社业务经营许可证，申请人持旅行社业务经营许可证向工商行政管理部门办理设立登记，申领工商营业执照；不予许可的，书面通知申请人并说明理由。旅行社应当将业务经营许可证正本与营业执照一起悬挂在营业场所的显要位置。副本可以保留起来用于年检和备查。旅行社的设立流程如图 3—1 所示。

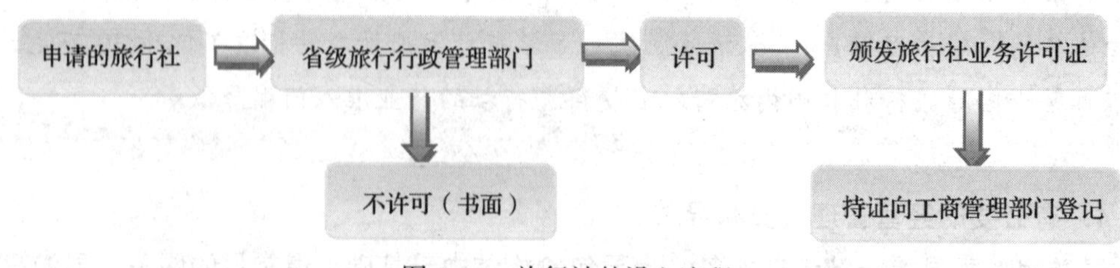

图 3—1　旅行社的设立流程

（2）出境旅游业务

旅行社应当向国务院旅游行政主管部门提交原许可的旅游行政管理部门出具的，证明其经营旅行社业务满两年且连续两年未因侵害旅游者合法权益受到行政机关罚款以上处罚的文件，即可申请出境旅游业务许可证，申请流程同上。

案例学习

贪小便宜吃闷亏

2015年1月12日，长沙市的林奶奶在湖南某旅行社门市部报名参加张家界二日游。在报名时，旅行社工作人员承诺老人可免费游览张家界某景区，但回程后却拒绝退还老人景区门票款。林奶奶后来到长沙市旅游质量监督管理所投诉，经工作人员查实，这家旅行社门市部早在2014年12月就已注销，并不具备旅游业务经营资质。林奶奶等人吃了哑巴亏。

评析：在《旅游法》的约束之下，正规旅行社的经营行为更趋规范，但仍有不少没有取得合法资质的“黑社”依然比较活跃，有关部门很难进行监管，旅游者出行一定要查看旅行社业务经营许可证和营业执照，签订旅游合同，千万不能贪图便宜。

五、旅行社分支机构的设立

旅行社根据业务经营和发展需要，可以设立旅行分社（简称分社，下同）及旅行社服务网点（简称服务网点，下同）等分支机构，不具有法人资格，以设立分社、服务网点的旅行社（简称设立社，下同）的名义从事《旅行社条例》规定的经营活动，其经营活动的责任和后果，由设立社承担。

1．旅行社分社的设立

（1）设立的条件

分社的经营场所，营业设施、设备同前，分社的名称中应当包含设立社名称、分社所在地地名和“分社”或者“分公司”字样。

（2）备案的资料

1）设立社的旅行社业务经营许可证副本和企业法人营业执照副本。

2）分社的营业执照。

3）分社经理的履历表和身份证明。

4）增存旅游服务质量保证金的证明文件。

（3）设立的流程

旅行社设立分社的，应当持旅行社业务经营许可证副本，以及增存旅游服务质量保证金的证明文件向分社所在地的工商行政管理部门办理设立登记，并自登记之日起 3 个工作日内，向分社所在地旅游行政管理部门备案。

（4）管理

设立社应当加强对分社的管理，对分社实行统一的人事、财务、招徕、接待制度规范，设立社应当与分社的员工订立劳动合同。

旅行社分社的设立不受地域限制，分社的经营范围不得超出设立社的经营范围。

2．旅行社服务网点的设立

旅行社服务网点是指旅行社设立的，为旅行社招徕旅游者，并以旅行社的名义与旅游者签订旅游合同的门市部等机构。服务网点应当在设立社的经营范围内，招徕旅游者，提供旅游咨询服务。

（1）备案的资料

1）设立社的旅行社业务经营许可证副本和企业法人营业执照副本。

2）服务网点的营业执照。

3）服务网点经理的履历表和身份证明。

（2）设立的流程

同旅行社分社的设立。

（3）管理

旅行社服务网点的名称、标牌应当包括设立社名称、服务网点所在地地名等，不得含有使消费者误解为是旅行社或者分社的内容，也不得作易使消费者误解的简称。设立服务网点的区域范围，是指市区旅行社可以在其所在市的区县（包括县级市）设立服务网点，旅行社对服务网点实行统一管理，应当与服务网点的员工订立劳动合同。

六、外商投资旅行社

外商投资旅行社，包括中外合资经营旅行社、中外合作经营旅行社和外资旅行社。

1．申请程序

设立外商投资旅行社，由投资者向国务院旅游行政主管部门提出申请，并提交符合《旅行社条例》规定条件的相关证明文件。国务院旅游行政主管部门应当自受理申请之日起 30 个工作日内审查完毕。同意设立的，出具外商投资旅行社业务许可审定意见书；不同意设立的，书面通知申请人并说明理由。

申请人持外商投资旅行社业务许可审定意见书、章程，合资、合作双方签订的合同向国务院商务主管部门提出设立外商投资企业的申请。国务院商务主管部门应当依照有关法律、法规的规定，作出批准或者不予批准的决定。予以批准的，颁发外商投资企业批准证书，并通知申请人向国务院旅游行政主管部门领取旅行社业务经营许可证，申请人持旅行社业务经营许可证和外商投资企业批准证书向工商行政管理部门办理设立登记；不予批准的，书面通知申请人并说明理由。

2. 业务范围

外商投资旅行社不得经营中国内地居民出国旅游业务以及赴香港、澳门特别行政区和台湾地区旅游的业务，但是国务院决定或者我国签署的自由贸易协定和内地与香港、澳门特别行政区关于建立更紧密经贸关系的安排另有规定的除外。

第二节　旅游服务质量保证金

由于旅行社业务的特殊性，决定了旅游者在参团旅游中处于弱势地位，通过法律加强对旅游者的保护是十分必要的。随着《旅游法》的实施，旅游服务质量保证金制度得以完善，对及时应对旅游中的突发问题，切实保障旅游者权益具有重要作用。

一、旅游服务质量保证金的概念

旅游服务质量保证金是指由旅行社在指定银行缴存或由银行担保提供的一定数额用于旅游服务质量赔偿支付和团队旅游者人身安全遇有危险时紧急救助费用垫付的资金。

二、旅游服务质量保证金的交纳

旅游服务质量保证金是指用于保障旅游者合法权益的专用款项，按照规定交纳旅游服务质量保证金是旅行社的义务。

1. 交纳标准

根据《旅行社条例》规定，经营境内旅游业务和入境旅游业务的旅行社的质量保证金交纳标准统一为 20 万元，每设立一个分社增存 5 万元；经营出境旅游业务的旅行社需增存 120 万元，即总额为 140 万元，每设立一个分社增存 30 万元。质量保证金存期由旅行社确定，但不得少于 1 年，利息归旅行社。

2. 交纳方法

《旅行社条例》规定了两种交纳质量保证金的方法。

（1）开设质量保证金专门账户。在国务院旅游主管部门认可的银行开设质量保证金专门账户，旅行社将规定数额的资金存入。

旅行社取得旅行社业务经营许可证后，应当到指定银行开设质量保证金专门账户，并与指定银行签订质量保证金专门账户协议，在存入、续存、增存质量保证金后7个工作日内，向作出许可的旅游主管部门提交证明文件，以及旅行社与银行达成的使用质量保证金的协议。

（2）银行担保。由旅行社向作出许可的旅游主管部门提交数额不低于质量保证金交纳标准的银行担保。

从事境内旅游业务和入境旅游业务的旅行社，应向作出许可的省、自治区、直辖市旅游主管部门或者其委托的市级旅游主管部门提交担保；从事出境旅游业务的，应当向作出许可的国务院旅游主管部门或者其委托的省、自治区、直辖市旅游主管部门提交担保。

3．交纳期限

根据《旅行社条例》规定，旅行社交纳质量保证金的期限，是取得旅行社业务经营许可证之日起3个工作日内。取得旅行社业务经营许可证的日期以许可证上签注的日期为准。

4．减少后的补足

旅行社在旅游行政管理部门使用质量保证金赔偿旅游者的损失，或者依法减少质量保证金后，因侵害旅游者合法权益受到行政机关罚款以上处罚的，应当在收到旅游行政管理部门补交质量保证金的通知之日起5个工作日内补足质量保证金。

三、旅游服务质量保证金的适用情形

《旅游法》第三十一条 旅行社应当按照规定交纳旅游服务质量保证金，用于旅游者权益损害赔偿和垫付旅游者人身安全遇有危险时紧急救助的费用。

1．用于旅游者权益损害的赔偿

（1）旅游主管部门使用旅游服务质量保证金的情形

主要包括两种：

1）旅行社违反旅游合同约定，侵害旅游者合法权益，经旅游主管部门查证属实的。

2）旅行社因解散、破产或者其他原因造成旅游者预交旅游费用损失的。其他原因主要指旅行社恶意卷款而逃等诈骗行为。预交旅游费用包括旅游团费、签证费等。

（2）人民法院使用旅行社质量保证金的情形

需要具备两个要件：

1）必须是判决、裁定及其他生效法律文书认定的，未生效的法律文书不能作为使用质量保证金的依据。

2）适用范围是旅行社损害旅游者合法权益，旅行社拒绝或者无力赔偿的。

人民法院可以从旅行社的质量保证金账户上划拨赔偿款。

2．用于垫付旅游者人身安全遇有危险时紧急救助的费用

因旅行社拒绝履行合同致使旅游者被甩团、滞留，或因不可抗力等导致人身安全遇有危险，且旅行社拒绝或者无力及时承担救助责任时，使用旅游服务质量保证金及时垫付相关费用，可以有效保障旅游者人身、财产安全和合法权益。

因此，旅游法增设了紧急救助这一用途。紧急救助费用主要包括安排旅游者食宿、治疗、救援、返程等使旅游者脱离危险的紧急性费用。旅游主管部门在上述事件发生后，可以决定使用质量保证金垫付紧急救助费用。

旅游服务质量保证金应当用于上述规定的用途，不得挪作他用。

四、旅游服务质量保证金的支付

1．旅行社因解散等原因需要退还旅行社的

旅行社因解散或破产清算、业务变更或撤减分社减交、三年内未因侵害旅游者合法权益受到行政机关罚款以上处罚而降低保证金数额 50% 等原因，需要支取保证金时，须向许可的旅游行政主管部门提出，许可的旅游行政主管部门审核出具《旅游服务质量保证金取款通知书》。银行根据《旅游服务质量保证金取款通知书》，将相应数额的保证金退还给旅行社。

2．因旅行社侵权向旅游者支付

发生《旅行社条例》第十五条规定的情形，①旅行社违反旅游合同约定，侵害旅游者合法权益，经旅游行政管理部门查证属实的；②旅行社因解散、破产或者其他原因造成旅游者预交旅游费用损失的。

此时，银行应根据旅游行政主管部门出具的《旅游服务质量保证金取款通知书》及《旅游行政主管部门划拨旅游服务质量保证金决定书》，经与旅游行政主管部门核实无误后，在 5 个工作日内将保证金以现金或转账方式直接向旅游者支付。

《旅行社条例》第十六条规定，人民法院判决、裁定及其他生效法律文书认定旅行社损害旅游者合法权益，旅行社拒绝或者无力赔偿的，人民法院可以从旅行社的质量保证金账户上划拨赔偿款。银行根据人民法院判决、裁定及其他生效法律文书执行。

3．需紧急救助费用垫付的情形

旅游者人身安全遇有危险时，旅行社提出申请的，旅游行政主管部门应立即予以审核；旅游行政主管部门决定垫付的，需按实际所需确定垫付额度。申请额度和决定垫付额度均应在保证金账户现有额度内。

银行根据旅游行政主管部门出具的《旅游服务质量保证金取款通知书》及《关于使用旅游服务质量保证金垫付旅游者人身安全遇有危险时紧急救助费用的决定书》后 24 小时内，经与旅游行政主管部门核实无误后，将保证金以现金或转账方式直接向《旅游服务质量保证金取款通知书》中确定的单位或账户提供。

提供保证金担保的银行，在收到《旅游服务质量保证金取款通知书》及《旅游行政主管部门划拨旅游服务质量保证金决定书》或人民法院判决、裁定及其他生效法律文书5个工作日内履行担保责任；因发生旅游者人身安全遇有危险时紧急救助费用垫付的情形，在收到《旅游服务质量保证金取款通知书》及《关于使用旅游服务质量保证金垫付旅游者人身安全遇有危险时紧急救助费用的决定书》24小时内履行担保责任。

第三节　旅行社的经营

一、旅行社经营规则

旅行社在经营的过程中，必须严格按照《旅行社条例》的有关规定执行，不得违反规定擅自经营。

1．提供的信息必须真实、准确

旅行社为招徕、组织旅游者发布信息，必须真实、准确，不得进行虚假宣传，误导旅游者。这是指旅行社宣传与实际不相符的信息，导致旅游者作出误判，影响购买决定。

2．按照业务许可和经营范围开展经营活动

旅行社应当按照核定的经营范围开展经营活动，严禁超范围经营。旅行社超范围经营的活动类型如下：

（1）未取得相应的旅行社业务经营许可，经营国内旅游业务、入境旅游业务、出境旅游业务和边境旅游业务。

（2）分社的经营范围超出设立分社的旅行社的经营范围。

（3）国家旅游局认定的其他超范围经营活动。

3．旅行社业务经营许可证不得出租、出借

旅行社业务经营许可证是对旅行社经营资质的认可，旅行社不得以对外承包或挂靠等形式出租、出借旅行社业务经营许可证，或者以其他形式非法转让旅行社业务经营许可证。

4. 禁止以不合理的低价等不正当形式组织旅游活动

《旅游法》第三十五条规定，旅行社不得以不合理的低价组织旅游活动，诱骗旅游者，并通过安排购物或者另行付费旅游项目获取回扣等不正当利益。旅行社组织、接待旅游者，不得指定具体购物场所，不得安排另行付费旅游项目。但是，经双方协商一致或者旅游者要求，且不影响其他旅游者行程安排的除外。发生违反前两款规定情形的，旅游者有权在旅游行程结束后三十日内，要求旅行社为其办理退货并先行垫付退货货款，或者退还另行付费旅游项目的费用。

旅行社不得以零团费、负团费等低于成本的价格组织旅游活动；旅行社组织、接待旅游者，不得指定具体购物场所，不得在旅游合同约定之外提供其他有偿服务；不得安排另行付费旅游项目来获得不当收益，诱导和欺骗旅游者。

案例学习

低价团费的陷阱

2012 年王某参加了 1 月 29 日广东某旅行社的海南 4 天 3 夜游，当到海南兴隆参团游玩时，地陪坚持要求每人必须参加 400 元以上的自费项目才能入住酒店，王某让步让其丈夫参加，自己不参加，但地陪仍然不同意，并表示游客团费较低，不能维持成本，只能按公司要求做，后来经过协商旅行社同意其丈夫一人参加自费项目（530 元）就可以让他们入住酒店。但在 1 月 31 日早上王某发现同团的其他游客（并不是同一个旅行社的，是拼团）并没交自费项目就可以入住酒店，且当晚其丈夫不忍心妻子在外等候，交了两人费用一共 800 多元。后来王某夫妇进行投诉，要求旅行社退回所交的自费项目的费用，并道歉。

问题：1. 旅行社在组织旅游活动的过程中有哪些不正当形式？

2. 该旅行社应该承担什么样的责任？

评析：该案例中旅行社是以较低的团费吸引王某夫妇，等他们参团时，安排另行付费项目强制消费，违反了《旅游法》第三十五条的规定及《旅行社条例》的相关规定；旅行社应该退回王某夫妇多交的费用，并道歉。

5. 旅游活动的内容符合法律和社会公德

旅行社及其从业人员组织、接待旅游者，不得安排参观或者参与违反我国法律、法规和社会公德的项目或者活动。主要包括：

（1）含有损害国家利益和民族尊严内容的。

（2）含有民族歧视、种族歧视、宗教歧视、性别歧视内容的。

（3）含有色情、赌博、毒品内容的。

（4）含有其他被法律法规禁止的内容的。

6．旅行社应当向合格的供应商订购产品和服务

旅行社为旅游者提供的产品和服务，大多数是向餐馆、酒店、旅游交通、景区等供应商进行订购的。合格的供应商是指有合法的经营资质，对旅游者有安全保障能力，能及时有效处理投诉或旅游纠纷，有满足旅行社团队接待需要的履约能力和采购能力，确保维护旅游者权益。

7．旅行社应与旅游者签订合同

旅行社组织旅游者旅游，需与旅游者签订旅游合同。旅行社因不能成团，欲将已签订合同的旅游者转让其他旅行社出团时，必须征得旅游者书面同意。未经旅游者书面同意，擅自将旅游者转让给其他旅行社的，转让的旅行社应当承担相应的法律责任。

旅行社与旅游者签订的旅游合同应就下列内容作出明确的约定：旅游行程安排，包括乘坐的交通工具、游览景点住宿标准、餐饮标准、娱乐标准、购物次数等，旅游价格，违约责任。

8．按合同约定提供服务

旅行社应当严格按照与旅游者签订的旅游服务合同，完成旅游行程的安排，提供各项旅游服务，旅行社及其委派的导游不得擅自改变旅游合同约定的行程安排。

案例学习

住宿不达标，以次充好

刘某报名参加了2012年1月22日广州某旅行社组织的马尔代夫6天4夜游，一次性全额缴纳团费23 000元，合同上写明行程中入住水屋和沙滩屋各两天，但到达目的地后入住的是低于合同标准的房间，多次与旅行社协商未果。刘某认为是因旅行社疏忽而导致无法正常入住，且被迫接受降低住宿标准，于是进行投诉，要求旅行社进行赔偿。

问题：1．旅行社有什么违规之处？

2．旅行社应该承担什么样的责任？

评析：旅行社的违规之处在于没有按照合同约定提供相应的旅游服务，合同约定的住宿是水屋和沙滩屋，实际与合同有很大出入。旅行社应该把房间的差价退还给客人。

9．提供的服务能保障人身、财产安全

旅行社应当为旅游者提供能够保障旅游者人身、财物安全的服务，对可能危及旅游者人身、财物安全的项目，应当向旅游者做出真实的说明和明确的警示，并采取防止危害发生的措施；对旅游地可能引起旅游者误解或产生冲突的法律规定、风俗习惯、宗教信仰等，应当事先给旅游者以明确的说明和忠告。

旅行社从事旅游业务经营活动，必须投保旅行社责任保险。同时，旅行社在与旅游者签订旅游合同时，应当推荐旅游者购买相关的个人保险。

10．对旅游者的个人信息有保密义务

旅游经营者对其在经营活动中知悉的旅游者个人信息，应当予以保密。未经旅游者同意不得公开其个人信息，包括姓名、性别、年龄、证件号码、工作单位、通信地址、联系方式、教育程度、家庭状况等，这些均属于旅游者的个人隐私。

11．组织出入境旅游要安排领队或导游全程陪同

《旅游法》第三十六条做出明确规定，旅行社组织团队出境旅游或者组织、接待团队入境旅游，应当按照规定安排领队或者导游全程陪同。

案例学习

旅行社该负全责吗?

2002年“十一”前夕，周先生一家报名参加本市某旅行社组织的峨眉山五日游，并交纳了团费。峨眉山猴子胆大且袭击性强，在交款前旅行社接待人员就对此向游客说明了情况，但他们仍愿意前往。到达目的地后，导游杜某对此情况向游客又作了明确说明。但周先生没有照顾好自己的小孩，致使孩子在与猴子嬉戏时被咬伤了右手，事发后导游即刻带其去当地防疫站注射了狂犬疫苗。

旅游结束后，周先生要求旅行社赔偿精神损失费，并声称，他们一家出去旅游，他们的安全应由导游和旅行社全权负责，发生意外，导游和旅行社应负全部责任。

问题：周先生的要求合理吗?

评析：旅行社和导游都已将峨眉山猴子胆大且袭击性强的情况告知了旅游者，所以旅行社和导游都履行了法定的义务和责任。周先生的孩子被猴子咬伤，其责任不在旅行社，而是周先生没有监护好孩子导致意外发生。这在法律上应当归责于监护不力，应当由周先生自己承担责任。

二、旅行社的权利

1．旅行社有权向旅游者收取合理的费用

旅行社为旅游者提供导游、交通、联系住宿、组织旅游项目等正当的旅游业务，有权按照双方合同约定收取相应的报酬，有权收取相应的费用。事先征得旅游者同意，旅行社对增加的服务项目可加收费用。

2．旅行社有权要求违反合同的旅游者承担相应的责任

旅行社有权要求旅游者依照旅游合同规定的时间、路线、方式旅游。如果旅游者未按合同约定的时间参加旅游团，旅行社可以扣除旅游者交付的定金作为违约金，由于旅游者自身的行为造成旅行社损失的，旅行社有权提出索赔。

三、旅行社的法律责任（见表 3—1）

表 3—1　旅行社的法律责任

序号	行为（每项有行为之一的）	法律责任
1	①未经许可经营旅行社业务的 ②超范围经营旅行社业务的 ③出租、出借旅行社业务经营许可证，或者以其他方式非法转让旅行社业务经营许可证的	◆由旅游主管部门或者工商行政管理部门责令改正；对超范围经营的旅行社和非法转让旅行社业务许可证的责令停业整顿，情节严重的，吊销旅行社业务经营许可证 ◆没收违法所得，违法所得在一至五万元的，没收违法所得，同时处以一万元以上十万元以下的罚款；违法所得在十万元以上的，没收违法所得，同时处以违法所得一倍以上五倍以下的罚款，罚款幅度由作出处罚的部门根据情节裁量 ◆对有关责任人员，处二千元以上二万元以下罚款
2	①未按规定为出入境团队旅游安排领队或者导游全程陪同的 ②安排未取得导游证或者领队证的人员提供导游或者领队服务的 ③未向临时聘用的导游支付导游服务费用的 ④要求导游垫付或者向导游收取费用的	◆由旅游主管部门责令改正，情节严重的，责令停业整顿或者吊销旅行社业务经营许可证 ◆没收违法所得，并处五千元以上五万元以下罚款 ◆对直接负责的主管人员和其他直接责任人员，处二千元以上二万元以下罚款
3	①进行虚假宣传，误导旅游者的 ②向不合格的供应商订购产品和服务的 ③未按照规定投保旅行社责任保险的	◆由旅游主管部门或者有关部门责令改正，情节严重的，责令停业整顿或者吊销旅行社业务经营许可证 ◆没收违法所得，并处五千元以上五万元以下罚款；违法所得在五万元以上的，并处违法所得一倍以上五倍以下罚款 ◆对直接负责的主管人员和其他直接责任人员，处二千元以上二万元以下罚款
4	①旅行社以不合理的低价组织旅游活动，诱骗旅游者的 ②通过安排购物或者另行付费旅游项目获取回扣等不正当利益的	◆由旅游主管部门责令改正并停业整顿，情节严重的，吊销旅行社业务经营许可证 ◆没收违法所得，并处三万元以上三十万元以下罚款；违法所得三十万元以上的，并处违法所得一倍以上五倍以下罚款 ◆对直接负责的主管人员和其他直接责任人员，处二千元以上二万元以下罚款
5	①在旅游行程中擅自变更旅游行程安排，严重损害旅游者权益的 ②拒绝履行合同的 ③未征得旅游者书面同意，委托其他旅行社履行包价旅游合同的	◆由旅游主管部门责令改正，处三万元以上三十万元以下罚款，并责令停业整顿 ◆造成旅游者滞留等严重后果的，吊销旅行社业务经营许可证；并暂扣或者吊销导游证、领队证 ◆对直接负责的主管人员和其他直接责任人员，处二千元以上二万元以下罚款

续表

序号	行为（每项有行为之一的）	法律责任
6	①旅行社未履行旅游法第五十五条规定的报告义务的 ②旅行社经营者组织、接待出入境旅游时，发现旅游者有非法滞留，擅自分团、脱团的情形，没有及时向公安机关、旅游主管部门或者我国驻外机构报告的	◆由旅游主管部门处五千元以上五万元以下罚款 ◆情节严重的，责令停业整顿或者吊销旅行社业务经营许可证 ◆对直接负责的主管人员和其他直接责任人员，处二千元以上二万元以下罚款，并暂扣或者吊销导游证、领队证
7	旅行社违反旅游法规定，安排旅游者参观或者参与违反我国法律、法规和社会公德的项目或者活动的	◆由旅游主管部门责令改正并停业整顿；情节严重的，吊销旅行社业务经营许可证；并暂扣或者吊销导游证、领队证 ◆没收违法所得，并处二万元以上二十万元以下罚款 ◆对直接负责的主管人员和其他直接责任人员，处二千元以上二万元以下罚款

违反旅游法规定的旅游经营者及其从业人员，旅游主管部门和有关部门应当记入信用档案，向社会公布。构成犯罪的，依法追究刑事责任。

案例学习

没有领队的境外游

杜某夫妇参加某旅行社组织的“新、马、泰、港、澳16日游”旅游团。在临登飞机时，旅游者发现，该旅游团是由6家旅行社组织的，大家手中的旅游日程各不相同。更让旅游者感到疑惑和不安的是，该旅游团没有领队，而团队人员绝大多数是初次跨出国门。

这个出国旅游团在整个旅途中遇到许多困难，比如在国外如何转机，入境卡怎么填，需要哪些旅行文件，怎样与境外旅行社接洽等都无人过问。在新加坡入境时，因不熟悉情况，旅游团被边检部门盘查一个半小时之久，影响了游览活动。在旅游过程中，因没有领队与境外接待社协调，原来的日程安排被多次变更，旅游团在异国他乡，人生地不熟，只好听从境外导游的摆布。旅行结束后，杜某夫妇以旅行社未提供相应服务，损害其合法权益为由，要求旅行社赔偿其损失。

旅行社辩称，组团人数不足，由若干家旅行社拼为一个团，是旅行社的通常做法，只要能够按时出游，是否告诉旅游者并没有实际意义；此次组团出境旅游，事先并没有约定派领队，因此，不构成违约。

问题：1. 旅行社侵犯了杜某夫妇等游客什么样的权利？

2. 该旅行社要承担什么样的责任？

评析：《旅游法》第三十六条规定，旅行社组织出境旅游的，应当按规定安排领队或者导游全陪。在境外旅游没有领队，使得旅游者的人身安全得不到保障，组团人数不够也没有告知，侵害了旅游者的知情权。

应由该旅行社的旅游主管部门对其责令改正，没收违法所得，并处五千元以上五万元以下罚款。

思考与练习

1．旅行社设立需要具备什么样的条件？

2．旅行社的业务范围有哪些？旅行社从事出境旅游业务和边境旅游业务需要具备什么样的条件？

3．什么是旅游服务质量保证金？它的适用情形有哪些？

4．简述旅游服务质量保证金的交纳标准。

5．旅游服务质量保证金的支出情形有哪些？

6．旅行社在经营中有哪些主要权利？

7．简述旅行社超范围经营应承担的法律责任。

8．旅行社发现出境旅游者擅自脱团未及时报告应承担什么法律责任？

第四章

旅游服务合同

chapter 4

旅游已经成为人们日常生活中重要的组成部分，旅游合同能够规范旅游市场，保护当事人的权利，旅游法对旅游服务合同专门做出了规范，对于容易在旅游活动中产生旅游纠纷的方面做出详细的约定，以确保旅游者的合法权益。

学习目标

- 熟知旅游服务合同的概念及种类。
- 掌握旅游服务合同订立的程序。
- 理解约定旅游服务合同主要内容的作用。
- 结合案例学习旅游服务合同的变更、转让及应承担的法律责任。

第一节　旅游服务合同概述

一、合同

1．合同的概念

合同，又称契约、协议，是指平等主体的自然人、法人及其他组织之间设立、变更、终止民事权利义务关系的协议。合同作为一种民事法律行为，是当事人协商一致的产物，是两个以上的意思表示相一致的协议。只有当事人所作出的意思表示合法，合同才具有法律约束力。依法成立的合同从成立之日起生效，具有法律约束力。

2．合同的法律特征

（1）合同是一种民事法律行为

合同作为民事法律行为，在本质上属于合法行为。由于合同是一种民事法律行为，因此民法关于民事法律行为的一般规定，均可适用于合同。

（2）合同是平等主体之间订立的协议

订立合同的主体在法律上是平等的，其意思表示是自主自愿的，任何一方都不得将自己的意志强加给另一方。

（3）合同是以设立、变更或终止民事权利义务关系为目的

任何法律行为均有目的性，合同的目的在于设立、变更或终止民事权利义务关系。这种权利义务关系是为了满足当事人的某种需求或实现某种愿望。

（4）受国家强制力的保护和约束。

合同一旦成立生效，当事人不得随意变更或解除，当事人无正当理由不履行合同，就要承担法律责任。

二、旅游服务合同

1．旅游服务合同的概念

旅游服务合同是指旅行社为旅游者组织、安排旅游活动，提供以营利为目的的旅游服务，通过协议规范旅游活动过程中双方的权利和义务关系。目的在于保障旅游者和旅游经营者的合法权益，规范旅游市场的秩序。

2. 旅游服务合同的分类

旅游服务合同是一种独特的合同类型，具有其特殊性和复杂性，涉及的种类较多，《旅游法》对此做出了专门的约定，主要包括包价旅游合同、旅游代订合同、旅游咨询合同。

（1）包价旅游合同

包价旅游合同是指旅游经营者对旅游者提供招徕、组织等多项旅游服务而签订的总价支付合同。

（2）旅游代订合同

旅游代订合同是指旅行社接受旅游者的委托，为其代订交通、住宿、餐饮、游览、娱乐等旅游服务，旅游者支付代办费用的合同，是《合同法》规定的委托合同的一种类型。

（3）旅游咨询合同

旅游咨询合同是指旅行社接受旅游者的委托，为旅游者提供旅游行程设计、旅游信息咨询等服务的合同。

旅行社在进行行程设计、信息咨询服务时，应当完成旅游者所要求的工作成果，即完成线路设计和提供旅游信息并交付旅游者，而且应当保证设计合理、可行，信息及时、准确。

3. 旅游服务合同的基本原则

（1）平等原则

平等原则指的是当事人的民事法律地位平等，包括订立和履行合同两个方面，一方不得将自己的意志强加给另一方。

（2）公平原则

旅游服务合同的当事人应当遵循公平原则，确定各方的权利和义务。这里讲的公平，既表现在订立合同时的公平，显失公平的合同可以撤销；也表现在发生合同纠纷时公平处理，切实保护守约方的合法利益，公平地调整当事人之间的利益。

（3）具有法律约束力原则

依法成立的旅游合同，对当事人具有法律约束力。当事人应当按照约定履行自己的义务，不得擅自变更或者解除合同。

（4）不损害社会公共利益原则

当事人订立、履行旅游合同，应当遵守法律，尊重社会公德，不得扰乱社会经济秩序，损害社会公共利益。

第二节　旅游服务合同的订立

一、旅游服务合同订立的含义

《旅游法》第五十七条　*旅行社组织和安排旅游活动，应当与旅游者订立合同。*

旅游服务合同的订立是指旅行社与旅游者之间作出意思表示，达成合意，最终签订合同的过程。旅游服务合同订立中有几点需要注意：

1．订立合同的旅游者主体要合格

订立旅游合同的旅游者必须是合格的当事人，这样才能保证合同的顺利履行。

（1）旅游者是自然人

旅游者必须是具有完全民事行为能力的人，或是经过其法定监护人授权的限制民事行为能力的人。（关于公民的民事行为能力详见第五章第一节）

（2）旅游者是团体客人

团体合同必须加盖法人公章或经其授权对外有合法效力的公章，或是其法人代表亲自签署。

2．订立合同的旅行社应尽的义务

（1）对合同内容说明的义务

旅行社要对旅游合同的具体内容作出真实、准确、完整的说明。

（2）提供旅游行程单的义务

旅游行程单是旅行社提供给游客的写明某个旅游线路的日程安排、服务标准、注意事项的一份文件，是对旅游合同承诺的服务具体化，是旅游合同的必备附件。行程单必须在旅游行程开始之前提供，保证旅游者的知情权。

（3）在包价旅游合同中应载明相关信息

为了尊重旅游者的知情权，需要在包价旅游合同中载明地接社的信息，包括地接社的名称、联系电话、地陪姓名和联系电话等；有安排导游服务的，应该在包价合同中载明导游服务费用。

（4）尽到告知义务

旅行社有如下的告知义务：

1）可能危及旅游者人身财产安全的旅游风险，包括旅游者不适合参加旅游活动的情形及应该注意的安全事项。

2）可能对旅游者产生不利影响的法律责任，包括旅游者应注意旅游目的地的相关法律、风俗；法律规定的其他应告知事项。

二、旅游服务合同订立的程序

《合同法》第十三条　当事人订立合同，采取要约、承诺方式。

当事人订立旅游合同的过程也就是对内容协商的过程。合同订立的流程是：要约→承诺→订立。

1. 要约

要约，是一方当事人以缔结旅游合同为目的，向对方当事人提出旅游合同条件，希望对方当事人接受的意思表示。发出要约的一方为要约人，另一方为受要约人。要约必须具备以下3个条件：

（1）要约须以缔结旅游合同为目的。

（2）内容具体明确。

（3）经受要约人承诺，要约人即受该意思表示约束。

要约是一种法律行为，要约一经承诺合同即成立；要约生效以要约到达受要约人为准，要约人要在要约的有效期内受要约的约束。要约人在要约的有效期内不得随便反悔，否则就要对由此造成的损失承担赔偿责任。当然，如果要约被及时撤回、撤销或被对方拒绝，则不会产生法律效力。

要约在一定情形下可能会失效，要约失效的情形有4种：拒绝要约的通知到达要约人；要约人依法撤销要约；承诺期限届满，受要约人未作出承诺；受要约人对要约的内容作出实质性变更。

2. 要约邀请

与要约相近的是要约邀请，是指希望他人向自己发出要约的意思表示，在发出要约邀请以后，要约邀请人撤回其邀请，只要没给善意相对人造成信赖利益的损失，要约邀请人一般不承担责任。

信赖利益的损失是指一方实施了某种行为后，足以使另一方对其产生信赖，并因此而支付了一定的费用，后因为对方违反诚信原则使该费用不能得到补偿。信赖利益的损失是构成缔约过失责任的一个重要条件。

如寄送的价目表、拍卖公告、招标公告、招股说明书、商业广告等为要约邀请。商品广告的内容符合要约规定的，则视为要约。因为要约邀请只是作出希望别人向自己发出要约的意思表示。因此，要约邀请可以向不特定的任何人发出，也不需要在要约邀请中详细表示，无论对于发出邀请人还是接受邀请人，都没有约束力。

3. 承诺

承诺是指受要约人同意要约的意思表示。与要约相同，承诺也必须符合法定的条件：

（1）必须是对要约人的要约作出的答复。

（2）必须是受要约人作出的答复。

（3）承诺的内容必须与要约的实质内容完全一致。

（4）承诺必须在有效期限内作出，如果超过了要约的有效期，视为新要约。

承诺生效时旅游合同成立，当事人采用书面形式订立旅游合同的，自双方当事人签字或者盖章时旅游合同成立。

案例学习

他们是合同关系吗?

20××年9月1日，驴友李某通过丽江某户外俱乐部的网站看到稻城、亚丁探密6日游（无购物）的旅行线路，条件是4人以上发团，5人以内的团为司机兼领队，最多不超过14人，只要预先支付200元订金即可成行。于是预定了10月2日从丽江出发稻城、亚丁探密6日游，网上转账200元作为订金。汇款后，按其网络预订流程，多次和该户外俱乐部的工作人员联系，告知预订者姓名、预付金额、到达日期、出团日期及线路名称等，后又通过电话确认。9月30日该俱乐部负责人王某致电李某告知10月2日稻城因人数不够不能出行，如果同意可以改去雨崩，李某同意。10月1日下午当他到该俱乐部丽江接待站时，工作人员告诉他10月2日并没有去雨崩的团。李某致电王某询问此事，王某态度粗暴，认为不就是交了200元订金吗，退给你，反正没有签合同，也没有给李某任何说法。

问题：1. 该俱乐部负责人王某的说法有没有道理?

2. 李某和该户外俱乐部之间是否确立了合同关系?

评析：该俱乐部负责人的说法是没有道理的，虽然李某和该俱乐部没有签订正式的合同，但是该俱乐部在网站上发布的信息非常明确，包括出行时间、人数，预交金额等，可以视为向旅游者发出的要约。李某看到消息，预付了200元订金，又通过电话确认出发的日期、线路，是对要约的承诺，故而双方是明确的合同关系。

三、旅游服务合同的主要内容

旅游服务合同（主要是包价旅游合同）的内容直接关系到合同双方的权利义务关系，具体应包括下列内容：

1．旅行社、旅游者的基本信息

（1）旅行社的信息包括旅行社的名称及其经营范围、地址、联系电话；旅行社经办人的姓名、联系电话以及旅行社业务经营许可证编号。

（2）旅游者的信息主要包括姓名、地址、联系方式等。

合同双方当事人对这些基本信息应当相互核对清楚并真实、准确、完整地记录在旅游合同中。

2．旅游行程安排

这是旅游合同的核心部分，是旅行社和旅游者双方权利义务的集中体现。主要包括行程的出发地、途经地和目的地、行程的时间和具体安排等。对旅游行程安排的约定越详尽明确，越可以避免不必要的旅游纠纷。

3．旅游团最低成团人数

旅游团最低成团人数直接关系到旅游团能否组团成功，因此，当事人在旅游服务合同中应当明确约定旅游团最低成团人数。

4．交通、住宿、餐饮等旅游服务安排和标准

具体包括以下几个方面：

（1）交通服务安排及其标准。要明确交通工具及档次等级、出发时间以及是否需中转等信息。

（2）住宿服务安排及其标准。应当明确住宿饭店的名称、地点、星级；酒店如未评星则直接写明酒店名称，不可使用"准四星""四星待评"等模糊用语；非星级饭店应当注明是否有空调、热水、独立卫生间等相关服务设施。

（3）用餐（早餐和正餐）服务安排及其标准。应当明确用餐次数、地点、标准。用餐标准应明确具体，如写明"人均 ×× 元""每桌 × 菜一汤"等。

5．游览、娱乐等项目的具体内容和时间

具体包括：旅游线路的内容，包括景区景点和游览项目名称等；景区景点停留的最少时间；需要旅游者另行付费的游览项目及价格；旅行社安排的购物次数、停留时间及购物场所的名称；旅游行程安排的娱乐活动的时间、地点和项目内容。

6．自由活动时间安排

自由活动时间，是指旅游行程单中安排的自由活动时间、旅游者不参加旅游行程活动时间、每日行程开始前结束后旅游者离开住宿设施的个人活动时间。

7．旅游费用及其交纳的期限和方式

旅游费用是指旅游者支付给旅行社用于购买旅游服务的费用，旅游费用一般包括：交通费、住宿费、餐费（不含酒水费）、旅行社统一安排的景区景点的第一道门票费、行程中安排的其他项目费用、导游服务费和旅行社（含旅游目的地地接旅行社）的其他服务费用，还应载明结算的币种、结算方式及旅游费用的交纳期限等。

8．违约责任和解决纠纷的方式

旅游合同既要维护旅行社的利益，也要维护消费者的利益，因此，旅游合同应当对当事人双方的违约责任以及解决纠纷的方式作出明确约定。旅游合同的违约责任一般应当根据相关法律法规的规定来确定，法律法规未作明确规定的，双方当事人可以在旅游合同中自行协商确定。

例如，旅游合同中应当约定解除或者变更合同的条件和提前通知的期限；约定旅游者不按照法律规定退团、旅行社不按法律规定转团或者取消预订，应当支付一定数额的违约金等。

四、旅游服务合同的格式条款

1．含义

旅游服务合同的格式条款是指，当事人为了重复使用而预先拟定，并在订立合同时未与对方协商的条款。旅游服务合同种类较多，最常见的是通过采用由旅行社提供的格式合同来订立，国家旅游局和国家工商总局也通过公布相关包价旅游合同示范文本，对相关合同的基本内容、当事人之间的权利义务关系进行规范。

2．法律规定

《旅行社条例》第二十九条第二款规定，旅行社和旅游者签订的旅游合同约定不明确或者对格式条款的理解发生争议的，应当按照通常理解予以解释；对格式条款有两种以上解释的，应当作出有利于旅游者的解释；格式条款和非格式条款不一致的，应当采用非格式条款。

3．无效情形

有下列情形之一的，格式条款的合同无效：

（1）一方以欺诈、胁迫的手段订立合同，损害国家利益。

（2）恶意串通，损害国家、集体或者第三人利益。

（3）以合法形式掩盖非法目的。

（4）损害社会公共利益。

（5）违反法律、行政法规的强制性规定。

五、旅游服务合同的形式

旅游服务合同的形式是指当事人之间明确权利义务的方式。旅游服务合同的形式有：口头形式、书面形式和其他形式。

1．口头形式

口头形式的合同是指当事人双方用口头形式达成相互之间的协议，缺点是发生旅游合同纠纷时难以取证，不易分清责任。对于旅游服务合同一般不宜采用这种形式。

2. 书面形式

书面形式的合同是指双方当事人通过书面形式达成相互之间的协议，其优点是旅游合同有据可查，发生纠纷时容易举证，便于分清责任。因此，对于关系复杂的旅游合同，尤其是包价旅游合同应当采用书面形式。需要指出的是，书面形式并不局限于纸质合同，电子合同也属于书面形式。

《旅游法》第五十八条规定，包价旅游合同应当采用书面形式。

3. 其他形式

其他形式，是指口头形式、书面形式以外的旅游合同形式，主要是指行为推定形式。当事人未用语言、文字表达其意思表示，仅用行为向对方发出要约，对方接受该要约，做出一定或指定的行为作出承诺，旅游合同成立。

当事人未采用书面形式，但一方已经履行主要义务，对方接受的，该合同成立。旅行社未与旅游者签订书面包价旅游合同，但已向旅游者提供了旅游服务的，包价旅游合同关系依然成立，双方之间的权利义务关系应当根据旅游法的规定予以确定。

旅游服务合同示范文本

国内旅游组团合同

合同编号：__________

甲方：________（旅行社或公司） 乙方：________（姓名或团体名称）

地址：________ 地址：________

电话：________ 电话：________

邮编：________ 邮编：________

法定代表人：________ 职务：________

根据国家有关旅游事业管理的规定，甲乙双方经协商一致，签订本合同，共同信守执行。

第一条：旅游的时间安排

由甲方在______年______月______日至______年______月______日为乙方提供旅游服务。

第二条：旅游的地点及每个旅游景点的时间安排

甲方为乙方提供的旅游景点为______个。分别是______。

每天的时间安排为上午______时至______时，下午______时至______时。

第三条：旅游的生活安排

甲方为乙方提供食宿，每天伙食在______元至______元标准内。

第四条：导游服务

甲方为乙方提供导游服务，服务内容：______。

第五条：旅游的费用

本次旅游的费用总计 ________ 元（包括食宿在内）。在旅游出发前 ________ 日交清。

第六条：旅游的交通工具

甲方为乙方提供交通工具。________ 等交通工具都由甲方联系、提供，并保证乙方的旅游安全。

第七条：甲方的权利义务及违约金

1. 甲方应按本合同的规定按时为乙方安排本次旅游。

2. 甲方未经乙方同意不得擅自减少或增加旅游景点和缩短旅游时间。如甲方违反约定，应向乙方赔偿 ________%的违约金或者乙方可以要求甲方按约定继续提供旅游服务，甲方不提供的，乙方可以自行旅游，支出的合理费用，由甲方承担；甲方增加游览景点的，增加的费用由甲方承担。

3. 甲方应按本合同规定为乙方提供优质的服务。在旅游期间，甲方应派医务人员、保安人员等随行，以保证本次旅游的顺利进行。

4. 甲方不得擅自变更或解除合同，否则按约定赔偿乙方损失金额 ________ 元。

5. 由于甲方的原因导致乙方受到财产损失和人身伤害的，甲方负赔偿责任。如因第三人的过错造成损失的，甲方在赔偿后，有权向第三人追偿。

第八条：乙方的权利义务及违约金

1. 乙方应按时交纳旅游费用，如违反规定，在旅游出发前 ________ 天内还未交清的，甲方有权不与乙方签订合同，取消乙方的旅游事项。

2. 乙方应遵守甲方所提出的本次旅游当中的安全事项及其他合理要求，不得擅自单独行动，否则后果自负。

第九条：本合同在执行前或执行期间，如有未尽事宜，甲乙双方协商同意后，另订附则附于本合同之内，所有附则在法律上均与本合同有同等效力。

第十条：本合同一式 ________ 份，由甲、乙方各执 ________ 份。

甲方（盖章）：________　　　　乙方（签字）：________

法定代表人（签字）：________

________ 年 ____ 月 ____ 日　　　　________ 年 ____ 月 ____ 日

签订地点：________　　　　签订地点：________

第三节　旅游服务合同的履行

旅游服务合同的履行是指旅游服务合同生效以后，合同双方当事人依法完成合同规定的义务和实现各自的权利。

合同的履行以合同的有效订立为前提和基础，是有效合同必然发生的法律效果，合同的履行是合同法的核心。

一、旅游服务合同履行的原则

旅游服务合同履行的原则是指合同当事人在履行合同过程中所应遵循的基本原则。按《合同法》第六十条的规定，合同履行应遵循全面履行原则和诚实信用原则。

1．全面履行原则

全面履行原则亦称正确履行原则或适当履行原则，是指旅游服务合同的当事人应当按照合同所约定的服务内容和标准全面履行自己的义务，不得擅自变更旅游行程安排，不得擅自减少合同约定的项目，增加购物和自费旅游项目，不得降低档次、增减项目，以获取不正当利益，损害旅游者权益。

2．诚实信用原则

在合同履行中，诚信履行也构成了合同履行的基本原则，旅游服务合同当事人应当依照诚信原则严格履行合同，不得擅自变更或者解除。旅游服务合同当事人根据合同的性质、目的和交易习惯，履行通知、协助、保密、防止损失扩大等义务。

二、旅游服务合同履行的规则

1．协议补充履行规则

旅游服务合同生效以后，当事人就旅游行程、价款、服务标准、服务项目等内容没有约定或者约定不明确的，可以协议补充，不能达成协议的，按照合同有关条款或交易习惯确定。

2．合同约定不明确的履行规则（见表 4—1）

表 4—1　　合同约定不明确的履行规则

不明确因素	履行规则
质量要求	按照国家标准、行业标准履行；没有国家标准、行业标准的，按照通常标准或者符合合同目的的特定标准履行
价款或者报酬	按照订立合同时履行地的市场价格履行
履行地点	给付货币的，在接受货币一方所在地履行；交付不动产的，在不动产所在地履行；其他标的，在履行义务一方所在地履行
履行期限	债务人可以随时履行义务，债权人也可以随时要求履行，但应当给对方必要的准备时间
履行方式	按照有利于实现合同目的的方式履行
履行费用	由履行义务一方承担

基于此规定，旅游活动中，任何没有说明是由旅游者支付的费用，在发生纠纷时，都应由承担义务的一方，即旅行社支付。

3．价格变动的履行规则

旅游服务合同在履行过程中价格发生变动是比较普遍的情况，特别是履行期限较长的合同，更容易遭遇价格变化的问题。该规则体现“谁违约谁受损，谁守约谁受益”的法律价值取向。

《合同法》第六十三条规定，执行政府定价或者政府指导价的，在合同的交付期限内政府价格调整时，按照交付时的价格履行。逾期交付标的物的，遇价格上涨，按原价格履行：价格下降时，按照新价格履行。逾期提取标的物或逾期付款的，价格上涨时，按照新价格履行；价格下降，按照原价格履行。

4．第三人履行规则

合同是特定主体之间的权利义务关系，合同的履行应当贯彻亲自履行的原则，即债务人向债权人履行合同。但根据协作履行的原则，《合同法》允许债务人向第三人履行债务。第三人履行规则需要符合一定的条件：

（1）债务人向第三人履行债务，必须由旅游服务合同的当事人约定。

（2）债务人未向第三人履行债务或者是履行债务不符合约定，应当向债权人承担违约责任。

5．当事人变动的履行规则

（1）旅游服务合同生效后，当事人姓名、名称的变更不影响合同履行。

（2）当事人一方发生合并与分立的，原签订的合同继续有效。

在旅游服务合同的履行中，旅行社不可能完全亲自提供旅游服务合同约定的给付，将业务委托给其他旅行社的情况比较普遍，接受委托的旅行社违约，应由组团社承担违约责任。

《旅行社条例》第三十七条　接受委托的旅行社违约，造成旅游者合法权益受到损害的，作出委托的旅行社应当承担相应的赔偿责任。作出委托的旅行社赔偿后，可以向接受委托的旅行社追偿。接受委托的旅行社故意或者重大过失造成旅游者合法权益损害的，应当承担连带责任。

第四节　旅游服务合同的变更、转让和解除

一、旅游服务合同的变更

旅游服务合同的变更是指合同成立以后，尚未履行或尚未完全履行之前，在合同主体不变的前提下，对合同的内容进行修改和补充。

旅游服务合同一旦成立，即具有法律约束力，任何一方都不能任意变更合同，但在一些特殊情况下，符合一定的要件，旅游服务合同可以变更，但要注意旅游服务合同变更的部分不可追溯，而且变更的内容必须约定明确具体。

1. 旅游者对合同的变更

在旅游包价合同中，旅游者享有任意变更权。旅游者以集体包团的形式与旅行社签订包价旅游合同时，旅游者对于合同有任意变更权，可以改变旅游行程安排，对于引起费用的变动，遵照多退少补的原则。

2. 旅行社对合同的变更

因不可抗力等因素使合同不能完全履行，经旅游者同意，旅行社可以在合理的范围内变更合同。如因山洪暴发冲毁道路、意外火灾使得预订的饭店不能入住，或是当事人不可预见的战争导致旅游目的地不能成行等不可归责于当事人的原因导致合同不能继续履行。

旅行社应继续履行变更后的合同，因此增加的费用由旅游者承担，减少的费用退还给旅游者。

《旅游法》第六十七条　因不可抗力或者旅行社、履行辅助人已尽合理注意义务仍不能避免的事件，影响旅游行程的，合同不能完全履行的，旅行社和旅游者均可以解除合同。合同不能完全履行的，旅行社经向旅游者作出说明，可在合理范围内变更合同。

二、旅游服务合同的转让

旅游服务合同的转让是指合同一方当事人依法将合同的权利和义务全部或部分转让给第三人的合法行为。其具体含义是合同的主体发生变化，内容不发生变化。

合同的转让包括合同权利的转让、合同义务的转移和合同权利、义务的概括转让。

1．旅游者合同的转让

旅游行程开始前，旅游者可以将包价旅游合同中自身的权利义务转让给第三人，旅行社没有正当理由的不得拒绝，因此增加的费用由旅游者和第三人承担。

2．旅行社合同的转让

因未达到约定人数不能出团的，组团社经征得旅游者书面同意，可以委托其他旅行社履行合同，组团社对旅游者承担责任。

三、旅游服务合同的解除

旅游服务合同的解除是指合同成立并生效以后，因当事人的协议或法定事由而使合同权利义务关系终止的行为。也就是在合同关系的有效期未满前，当事人提前终止合同的效力。

1．旅游者合同的解除

旅游者因自身原因可以行使旅游服务合同的任意解除权，但是必须承担旅行社为其支出的必要费用，包括：

（1）组团社已向地接社或公共交通经营者支付且不可退的费用。

（2）在旅游行程中发生的实际费用。

2．旅行社合同的解除

旅行社在下列情况下可以解除合同：

（1）因未达到约定组团人数可以解除合同。组团社解除合同，境内旅游应当至少提前7日通知旅游者，出境旅游应当至少提前30日通知旅游者。组团社应向旅游者退还已收取的全部费用。

（2）旅游者有下列情形之一的，旅行社可以解除合同。

1）患有传染病等疾病，可能危害其他旅游者健康和安全的。传染病主要是指高致病性的传染病，如禽流感、肺结核、流脑、霍乱等，而低致病的传染病如流感等则不在此列。

2）携带危害公共安全的物品且不同意交有关部门处理的。

3）从事违法或者违反社会公德活动的。

4）从事严重影响其他旅游者权益的活动，且不听劝阻、不能制止的。

5）法律规定的其他情形。

上述是旅行社法定合同解除权的规定，只要有其情形之一的，旅行社即获合同解除权。因上述规定情形解除合同的，合同未履行的部分终止履行，组团社应当在扣除必要的费用后，将余款退还旅游者；给旅行社造成损失的，旅游者应当依法承担赔偿责任。

（3）因不可抗力等因素导致合同不能继续履行的，可以解除合同。因不可抗力等因素使合同不能完全履行的，且旅游者不同意变更合同，旅行社可以解除合同。

无论哪方解除合同，旅行社有义务协助旅游者返回出发地或其指定的合理地点。因为旅行社过错解除合同的，费用由旅行社承担；因为旅游者过错解除合同的，费用由旅游者自理。

总之，除了旅行社拥有法定合同解除权外，旅游服务合同的变更或是解除选择权是在旅游者。

案例学习

缩水的韶关旅游

赵先生国庆期间在某旅行社报名参加韶关游，行程和报名单上均注明："韶关丹霞山、南华寺、九龙十八滩三天团"。但在实际行程中旅行社改变了漂流地点，在没有任何解释和告知游客的情况下，将"60公里4小时漂流"改为"10公里1小时漂流"。后来，赵先生提出损害赔偿请求。

问题：赵先生的损害赔偿请求会得到法律支持吗？

评析：旅行社擅自对合同内容进行变更，没有经过旅游者同意，侵犯旅游者的权益，旅行社应把合同约定的旅游项目和实际执行部分的差价退还给赵先生。在我国合同法中，对违约行为是以补偿为主，惩罚性较弱。

第五节　违约责任

一、违约责任的概念

违约责任是违反合同的责任的简称，是指合同当事人不履行或不完全履行合同所规定的义务，依据法律规定或合同约定所应承担的法律责任。

违约责任是合同法律制度中十分重要的内容，它是保障合同当事人履行合同义务的重要措施，对于促进旅游服务合同的全面履行，弥补违约造成的损失，以及促进当事人和整个社会的经济活动都具有重要的意义。

二、承担违约责任的方式

《合同法》第一百零七条 当事人一方不履行合同义务或者履行合同义务不符合约定的，应当承担继续履行、采取补救措施或者赔偿损失等违约责任。

1. 继续履行

继续履行是指当事人一方不履行合同或者履行合同的义务不符合约定时，另一方当事人可以要求其在合同履行期满后，继续按照合同所约定的主要条款完成合同义务的行为。

但有下列情形之一的除外：

（1）法律或者事实上的不能履行。

（2）债务标的不适于强制履行或者履行费用过高。

（3）债权人在合理的期限内未提出要求履行。

继续履行是当事人承担违约责任的主要方式之一。继续履行的前提是旅游者在合理期限内请求且旅游经营者能继续履行，不会出现履行费用过高的情况。

继续履行可以分为金钱债务的继续履行和非金钱债务的继续履行。合同法规定，当事人一方未支付价款或者报酬的，对方可以要求其支付价款或者报酬；当事人一方不履行非金钱债务或者履行非金钱债务不符合约定的，对方可以要求履行。

《旅游法》第七十五条规定，住宿经营者应当按照旅游服务合同的约定为团队旅游者提供住宿服务。住宿经营者未能按照旅游服务合同提供服务的，应当为旅游者提供不低于原定标准的住宿服务，因此增加的费用由住宿经营者承担。

2. 采取补救措施

补救措施是指违约方采取的除继续履行和支付赔偿金、违约金、定金方式以外的其他措施，其目的在于消除或减轻因违约给对方造成的损失。旅游服务合同采取的补救措施通常是指以合理的服务项目替代，前提是旅游者在合理的期限内请求。

3. 赔偿损失

赔偿损失是指违约方因不履行或不完全履行合同义务给对方造成损失时，依法或根据合同约定应当赔偿给对方当事人所受损失的行为。

（1）赔偿损失的原则

1）全部损失原则。违约方当事人不仅要赔偿对方财产直接减少的现实损失，而且要赔偿对方的可得利益损失。

2）合理预见原则。违约方当事人只能对其主观上有过错的行为和能够预见的后果承担赔偿责任，对不能预见的后果不负赔偿责任。

3）减轻损害原则。受害方当事人遭受违约时，负有及时采取有效措施，尽量减少损失的义务，对受害当事人能够避免而未避免的损失，违约方不负赔偿责任。

（2）当事人违约责任的赔偿

1）旅行社不履行旅游合同义务的，或者履行合同义务不符合约定的，造成旅游者人身损害、财产损失的，应当依法承担赔偿责任。

2）旅游者因为自身过错导致合同解除的，给旅行社造成损失的，依法承担赔偿责任；旅游者在旅游活动中或者在解决纠纷时，损害旅行社、履行辅助人、旅游从业人员或者其他旅游者合法权益的，依法承担赔偿责任。

（3）第三方违约责任的赔偿

1）由于地接社、履行辅助人的原因造成旅游者人身损害、财产损失的，旅游者可以要求地接社、履行辅助人承担赔偿责任，也可以要求组团社承担赔偿责任；组团社承担责任后可以向地接社、履行辅助人追偿。

2）因为公共交通经营者的原因造成旅游者人身损害、财产损失的，由公共交通经营者依法承担赔偿责任，旅行社应当协助旅游者向公共交通经营者索赔。

4. 支付违约金

支付违约金是指合同的当事人不履行合同时，根据合同约定或法律规定向对方支付一定数量的金钱。违约金既具有惩罚性又具有赔偿性。

《旅游法》第七十条规定，旅行社具备履行条件，经旅游者要求仍拒绝履行合同，造成旅游者人身损害、滞留等严重后果的，旅游者还可以要求旅行社支付旅游费用一倍以上三倍以下的赔偿金。

三、违约责任的免除

依照《合同法》的规定，因不可抗力造成合同不能履行时，可以免除当事人部分或全部责任。因此，不可抗力是法定的免责理由。免责理由是有违约行为的当事人，有权主张无须因此承担违约责任的法定理由。

1. 不可抗力

不可抗力是指不能预见、不能避免且不能克服的客观情况。不可抗力的范围主要包括三类，一是地震、台风等自然灾害，二是法律、政策等政府行为，三是政治骚乱、罢工等社会异常现象。

不可抗力作为免责事由是有时间限制的，即迟延履行义务发生不可抗力的，不能免除责任。不可抗力事由发生后，当事人应当履行通知和举证义务，否则，就不能部分或全部免除责任。

2. 法律有特别规定或当事人有免责条款特别规定

因为旅游者自身的原因导致合同不能正常履行的，旅行社免责。

（1）因为旅游者的违法行为导致旅游服务合同解除的，如随团出（入）境的旅游者擅自分团、脱团的，旅行社免责，包括免去协助其返程之责。

（2）因为旅游者自身原因导致包价旅游合同不能履行或不能按照约定履行的，或造成旅游者人身损害、财产损失的，旅行社不承担责任。

案例学习

没有桃花的桃花节

刘先生因为结婚30周年纪念日，参加了幸福旅行社组织的桂林、阳朔、恭城桃花节四日游，因为此前曾到桂林去过一次，夫妇俩想换个景点，旅行社的工作人员介绍说这次恭城有桃花节，是一次很精彩的特色旅游。他们很心动，就报名参加2月28日到3月4日的桂林旅游团。3月1日下午按照旅游行程安排，夫妇俩出发恭城欣赏桃花，可是导游告诉他们，桃花节的日期推后了。刘先生实地看了一下，发现就是一个荒树林子，看不到一朵桃花也没有什么文艺演出，非常生气，提出让旅行社进行赔偿。

但是在旅行社的参考行程表上尽管有对桃花节的描述，却没有把桃花节作为一个单列的旅游项目，故只对每人作出100元的赔偿。

问题：1. 旅行社是否违约？

2. 在这个旅游服务合同中旅行社有什么过错？需要承担什么样的法律责任？

评析：旅行社有违约行为，当时刘先生就是因为工作人员介绍恭城有桃花节及精彩的文艺演出才决定到恭城的，应视为口头约定的合同。旅行社没有完全履行合同约定，存在违约的过错，就该案例来看，不适合继续履行，旅行社应就刘先生的实际损失进行赔偿。

案例学习

旅行社该承担违约责任吗？

10月1日至4日，张某等19人参加风情旅行社组织的“××风情四日游”。10月2日，由于旅行社与酒店之间的沟通出现问题，原定的三星级酒店床位不足，最后在导游的努力下，安排旅游团入住附近的准三星级酒店。按照合同约定10月3日游览某动物园，但是，由于10月2日通往动物园的唯一道路严重塌方，3日内道路无法修通。旅行社建议免费为游客换一个景点，张某等旅游者同意了。回来后张某等旅游者投诉该旅行社，要求旅行社承担违约责任，并支付他们住宿的差价和动物园的门票、导游费等。

问题：该旅行社应当承担哪些违约责任？哪些违约责任可以免除？

评析：该案例中旅行社与旅游者原来约定的是三星级酒店，后来改为准三星级酒店，没有达到合同约定的标准，属于违约行为，要承担违约责任。后来因道路塌方无法通行导致无法游览动物园，在经过客人同意的情况下更换旅游景点，这属于不可抗力，非人为因素，而且旅行社也与客人进行过充分沟通，可以免责。

思考与练习

1．什么是旅游服务合同，订立旅游服务合同的基本原则是什么？

2．旅游服务合同的主要内容有哪些？举例说明详细约定旅游服务合同内容的作用。

3．订立旅游服务合同时，旅行社应履行什么义务？

4．旅游服务合同解除的情形有哪些，需要承担什么样的法律责任？

5．旅行社违反旅游服务合同，需要承担什么样的违约责任？

6．什么是旅游服务合同的变更？旅游者对旅游服务合同的变更要承担什么责任？

7．什么是旅游服务合同的格式条款？当对格式条款理解发生争议时，应如何处理？

第五章

导游人员管理法规制度

chapter 5

导游业务是旅游业中具有代表性的旅游业务，而导游人员是旅游业的灵魂，他们的素质高低和服务状况直接决定着旅游者对旅游活动的感知，影响旅游业的发展水平。随着旅游规模的不断扩大，旅游产业地位的不断提升，导游人员的作用日益重要，旅游者往往是通过导游人员去认识一个旅行社、一个城市乃至一个国家。因此加强导游人员的管理，提高导游人员的素质非常重要。

学习目标

- 了解导游人员的含义和导游资格考试的报考条件。
- 熟悉导游人员计分管理和年审管理规定。
- 掌握导游的考核制度以及各级导游的考核内容。
- 掌握导游证的申领程序。

第一节　导游人员概述

一、导游人员概念

《导游人员管理条例》第二条规定，本条例所称导游人员，是指依照本条例的规定取得导游证，接受旅行社委派，为旅游者提供向导、讲解及相关旅游服务的人员。

导游人员这一概念包含三个方面的含义：

特定的程序：在我国担任导游工作的人员，是参加导游人员资格考试合格并取得导游证的人员，这与人们日常所俗称的“导游”不同。

特定的委托：导游人员是接受旅行社委派而从事导游业务的人员。接受旅行社委派是导游人员概念的主要特征。

特定的工作：导游人员的工作范围主要是为旅游者提供向导、讲解及相关旅游服务。

案例学习

月亮妈妈

广西阳朔是中国著名的旅游景点，大自然的鬼斧神工造就了让人心旷神怡的月亮山。20世纪90年代中期，60多岁的农民徐秀珍到月亮山销售旅游商品，并自学外语义务为中外游客做导游，后又在家中开办“农家乐”，以农家饭菜款待游客。“月亮妈妈”这个称呼，是几年前由几名加拿大游客叫起来的。因为老人在多年经营和义务导游中，学会了多达8个国家的简单语言，而且农家淳朴、热情、周到的服务让外国游客十分感动，于是他们亲切地称她“月亮妈妈”。从这以后，“月亮妈妈”这个美称，就逐渐在游客中传开了。

问题：月亮妈妈是导游吗？

评析：月亮妈妈开始虽然能比较热情地对游客进行服务，但她不是导游。1998年9月徐秀珍走进了阳朔旅游局，要求参加外语导游考试，旅游局的负责人热情地接待了她，并请来几位外国游人与她对话。旅游局根据徐秀珍的特殊情况，免去了她的笔试，破格给她发放了当地的导游证，成了中国年龄最大的农民导游员。

二、导游人员资格考试

《导游人员管理条例》第三条规定，国家实行全国统一的导游人员资格考试制度。

依据我国《导游人员管理条例》的规定，参加导游资格考试的人员必须具备下列条件：

1．必须是中华人民共和国公民

在我国，凡是按《中华人民共和国国籍法》规定取得中国国籍的人，都是中华人民共和国公民。对导游人员做国籍限制，世界上其他国家也有类似规定；将某些行业的从业权，规定只授予本国公民，也是国际上普遍接受的一种做法。

2．必须具有高中、中等专业学校或者以上学历

接受过何种程度的教育，具有何种学历，是衡量一个从业人员的知识结构及知识文化程度的客观标准之一，也是从事某种职业对其从业人员的要求。一般认为，导游人员应当是“杂家”，既要求其具有较广泛的文化知识，又要求其对祖国的历史文化、名山名水、风土人情、民族习俗等有较广泛的了解。导游工作的这一特点，要求导游从业人员必须具有较好的文化素养和相应的学历条件。

3．必须身体健康

导游工作是一项紧张的脑力劳动和繁忙艰苦的体力劳动相结合的工作，特别是各地气候条件、生活习俗不同，给导游人员的生活和工作带来诸多不便，导游人员只有具备良好的身体素质，才能适应导游工作。

4．必须具有适应导游需要的基本知识和语言表达能力

具有适应导游需要的基本知识，主要指具有《导游人员管理条例》规定的文化程度和学历证明。导游语言，是对祖国名胜古迹的艺术表达，它要求导游人员按照规范化的语言解说，即以艺术化的语言表述，做到语言流畅、鲜明生动、活泼风趣、合乎礼仪，以吸引旅游者的注意力，形成轻松愉快、活泼有趣的氛围，给人以美的享受，消除旅途疲劳，增添旅游情趣。语言表达能力是导游人员应具备的基本条件。

知识链接

导游人员的语言魅力

作为导游，语言表达应热情洋溢，给旅游者犹如春风扑面的亲切感。这要求导游了解不同民族、不同国家旅游者的语言风格。对东方人，要习惯使用敬语和自谦语；而对一些西方旅游者来说，则要敢于肯定自我。在英美旅游者面前，过分的自谦不仅不会收到尊重的效果，反会引起客人的误解。因此，当导游一个讲解或建议得到英美旅游者的赞同时，就不能说：“我没有什么，不值得表扬”，或“哪里，哪里，过奖了”等客套话，而应是对旅游者的赞许表示感谢。一味的谦虚常常会使英美旅游者感到失望，或者尴尬，对方会误认为你是在否定他的意见。

三、导游证管理制度

导游证是国家准许从事导游工作的证件。《导游人员管理条例》第四条第一款规定，在中华人民共和国境内从事导游活动，必须取得导游证。

1. 申请领取导游证的条件

（1）取得导游人员资格证书

通过导游人员资格考试获得旅游行政管理部门颁发的导游人员资格证书是申请领取导游证的前提条件。

（2）与旅行社订立劳动合同的人员

与旅行社订立劳动合同的人员，是指专职导游人员，是旅行社的雇员，即旅行社的正式员工。导游人员与旅行社订立劳动合同，明确导游人员在旅行社承担的工作，有遵守用人单位内部劳动规则的义务；旅行社则有按导游人员工作的数量和质量付给工资，并提供相应劳动条件的责任。

（3）在导游服务公司登记的人员

导游服务公司是指，从事导游人员业务管理、培训，并为旅行社和导游人员提供供需信息等服务的企业，在导游人员和旅行社之间起到桥梁的作用。在导游服务公司登记的人员，可以是专职导游人员，也可以是非专职导游人员，但都不是某一旅行社的正式员工。他们在导游服务公司登记后，当某旅行社需要导游人员时，则通过该导游服务公司聘用，这种聘用关系有明显的季节性和时间性。

2. 不得颁发导游证的情形

导游工作专业性强，为保证导游人员队伍的整体水平，在规定取得导游人员资格条件、执业条件的同时，《导游人员管理条例》第五条规定了不予颁发导游证的 4 种情形：

（1）无民事行为能力或者限制民事行为能力的

民事行为能力是指公民可以独立进行民事活动的资格，法律规定公民在达到一定年龄以及能够对自己的行为、可能产生的法律后果具有判断能力后，才具有行为能力。我国法律根据公民的年龄、智力和精神健康状态将公民的民事行为能力划分为以下 3 种：

1）完全民事行为能力。法律规定，18 周岁以上的公民具有完全民事行为能力，可以独立进行民事活动；16 周岁以上不满 18 周岁的公民，以自己的劳动收入为主要生活来源的，视为完全民事行为能力人。

2）限制民事行为能力。具体指 10 周岁以上的未成年人；不能完全辨认自己行为的精神病人（包括痴呆症患者）。

3）无民事行为能力。具体指不满 10 周岁的未成年人；不能辨认和控制自己行为结果的精神病人（包括痴呆症患者）。

根据《导游人员管理条例》的规定，对无民事行为能力或者限制民事行为能力的人，不得颁发导游证，只有具有完全民事行为能力的公民，才能申请领取导游证，从事导游职业。

（2）患有传染性疾病的

传染性疾病是指由病原体侵入生物体，使生物体产生病理反应而引起的疾病，主要包括肺结核、麻风病、伤寒、病毒性肝炎等，应由医疗机构作出诊断证明。旅游行政管理部门不得向患有传染性疾病的申请人颁发导游证，这是由导游这一职业特性决定的。导游人员为旅游者提供向导、讲解及相关服务，在旅游活动中与旅游者朝夕相处，若患有传染性疾病，就可能将其患有的疾病传染给旅游者，造成交叉感染。

（3）受过刑事处罚的，过失犯罪的除外

旅游行政管理部门对受过刑事处罚的人，不得颁发导游证。《导游人员管理条例》规定“过失犯罪的除外”，其理由是：根据我国的《刑法》规定，犯罪分为故意犯罪和过失犯罪，明知自己的行为会发生危害社会的结果，并且希望或者放任这种结果发生，因而构成犯罪的是故意犯罪；应当预见自己的行为可能发生危害社会的结果，因为疏忽大意而没有预见，或者已经预见而轻信能够避免，以致发生危害社会结果的是过失犯罪。过失犯罪分为疏忽大意的过失和过于自信的过失。

由此可见，故意犯罪是一种有意识的犯罪，过失犯罪不是有意识的犯罪。较之故意犯罪，过失犯罪在主观恶意性、社会危害性上，与故意犯罪都有着原则的区别。因此，这类人虽然也受过刑罚的制裁，但旅游行政管理部门也可以对其颁发导游证。

（4）被吊销导游证的

是指曾经取得导游证的人员，因违反了有关导游人员管理法规，被旅游行政管理部门处以吊销导游证的处罚后，又重新参加导游人员资格考试并合格、取得导游人员资格证书后，向旅游行政管理部门申请领取导游证的人员。由于此类人员在进行导游活动时有过不良的记录，受过被吊销导游证的处罚，表明已不适合继续从事该职业。为确保导游人员的基本从业素质，加强导游人员队伍建设，树立中国旅游业良好形象，理应不再重新对其颁发导游证。

3. 导游证的分类

依据《导游人员管理条例》规定，导游证可分为正式导游证和临时导游证两种：

（1）正式导游证

正式导游证是指参加导游人员资格考试并合格，取得导游人员资格证书的人员，经与旅行社订立劳动合同或者在导游服务公司登记，由省级人民政府旅游行政管理部门颁发的导游证。持有正式导游证的人可以是旅行社的正式员工，也可以是某旅行社聘用人员。但是持有正式导游证的人员，都必须是经过导游人员资格考试并合格，取得导游人员资格证书的人员。

（2）临时导游证

临时导游证是指具有特定语种语言能力的人员，虽未取得导游人员资格证书，但因旅行社需要聘请其临时从事导游活动，由旅行社向省、自治区、直辖市人民政府旅游行政部门申请领取的导游证。由此可见，领取临时导游证的条件一是具有某种特定语种语言能力，二是旅行社需要聘请其临时从事导游活动。

案例学习

无证能导游吗？

某高校外语系学生李某先后两次报名参加导游资格考试，均未合格。他急于从事导游工作，遂与某国际旅行社多次联系，希望能给予带团导游实习机会。次年7月，正值旅游旺季，该国际旅行社导游人员不足，遂聘用李某充任导游人员，被旅游行政管理部门查获，以其未通过导游资格考试，擅自进行导游活动为由给予罚款处罚。李某对处罚不服，认为自己并非擅自进行导游活动，而是受旅行社聘用从事导游工作的，旅游行政管理部门处罚不当，遂向上一级旅游行政管理部门申请复议。

问题：1. 李某的看法是否成立？有何依据？

2. 旅行社能否聘用李某从事导游工作？有何依据？

评析：李某的看法不成立。依据《导游人员管理条例》，李某未取得导游证进行导游活动，应属于擅自从事导游活动。

旅行社不能聘用李某从事导游工作。因为《旅行社条例》规定，旅行社为接待旅游者聘用的导游和为组织旅游者出境旅游聘用的领队，应当持有省、自治区、直辖市以上人民政府旅游行政管理部门颁发的资格证书。依据《旅行社条例》，旅游行政管理部门应对该旅行社进行处罚。

第二节　导游人员等级考核制度及标准

一、导游人员等级考核制度

为了加强导游人员队伍建设，提高导游人员素质和接待服务水平，客观、公正地评价和选拔人才，调动导游人员钻研业务和努力工作的积极性，引入竞争机制，为改革全国导游人员管理体制、建立导游人才市场创造条件及为旅行社服务的等级化创造人员条件，国家旅游局把导游人员的等级考核评定工作确立为一项法定制度。

1. 导游人员等级考核的划分及适用范围

导游人员等级分为两个系列、四个等级。所谓两个系列是指等级考核分为外语导游员系列和中文导游员系列；而四个级别则是指通过考核，将导游员划分为特级导游员、高级导游员、中级导游员和初级导游员。

2. 导游人员等级考核评定办法

（1）特级导游员的考核评定，采取以评审考核为主、考试为辅的方式。

评审采用论文答辩、跟团实查和专家审议三种形式，考核工作表现、导游技能、遵纪守法和游客反映，考试第二外语或一种方言。评定工作不定期进行。评定步骤为省（区、市）旅游局初评，国家旅游局评定。

（2）高级导游员的考核评定，采取考试、考核和评审相结合的方式。

考试科目为导游词创作和口译（中文导游员不考）两科。考核、评审方式和评定步骤与特级导游员相同。对高级导游员的评定每3年进行一次。

（3）中级导游员的考核评定，采取考试和考核相结合的方式。

考试科目为导游专业知识（含政策与法规、导游基础知识、汉语言文学知识三部分内容）、现场导游两种。考核方式与高级导游员相同。中级导游员的评定每两年组织一次。考试以国家旅游局为主组织实施，考核以省（区、市）旅游局为主组织实施。

（4）初级导游员的考核评定，采取考核方式。

凡取得导游人员资格证书后工作满一年的人，经考核合格，即可成为初级导游员。

参加省部级以上单位组织的导游技能大赛获得最佳名次的导游人员，报全国导游人员等级考核评定委员会批准后，可晋升一级导游人员等级。一人多次获奖只能晋升一次，晋升的最高等级为高级。

3. 导游人员等级考核评定的组织管理

导游人员等级考核评定采取由国家旅游局统一领导，与地方旅游局分工负责组织实施的办法。各省（区、市）旅游局要完善导游人员资格考试的组织机构，加强对这项工作的组织领导和监督、检查，以保证导游人员等级考核评定工作的质量。为了加强对等级导游员的管理，国家旅游局和省（区、市）旅游局建立导游员等级注册登记制度。各级资格有效期一般为5年。有效期满后，持证者要按有关规定主动到发证机构办理注册登记，并进行相应的培训和考核。逾期不办者，其证件自行作废。

导游员等级证书由国家旅游局统一制作并核发。每次等级考试后，国家旅游局通过新闻媒介向国内外公布特级、高级和中级导游员名单及旅行社、导游服务公司导游员的等级构成情况。各旅行社、导游服务公司应在待遇方面对不同等级的导游员加以区别，拉开档次。已实行岗位技能工资的单位，应该以导游员等级作为岗位技能工资的评定依据。

二、导游员职业等级标准

导游员职业等级标准是考核评定导游员等级的依据。该标准由国家旅游局制定，在旅游行业中实行。

根据导游员职业等级标准的规定，各个等级的导游员在政治思想、职业道德和身体健康方面必须符合以下要求：拥护中国共产党的领导，热爱祖国，遵纪守法，忠于职守，钻研业务，宾客至上，优质服务，遵守职业道德，身心健康。

1. 初级导游员等级标准

（1）知识要求

了解我国的大政方针和旅游及其有关的政策法规；掌握当地主要游览点的导游知识，了解我国主要旅游景点和线路的基本知识；了解与业务有关的我国政治、经济、历史、地理、宗教和民俗等方面的基本知识；了解有关主要客源市场的概况和习俗；掌握导游工作规范；外语导游员基本掌握一门外语，达到外语专业大学三年级水平；中文导游员掌握汉语言文学基础知识，达到高中毕业水平。

（2）技能要求

能独立完成导游接待工作，能与旅游者建立良好人际关系，能独立处理旅行中发生的一般问题，起草情况反映、接待简报等有关应用文，导游语言正确、通顺。

（3）业绩要求

完成企业要求的工作，无服务质量方面的重大投诉，游客反映良好率不低于85%。

（4）学历要求

外语导游员具有外语专业大专或非外语专业本科及其以上学历，中文导游员须高中及其以上学历。

（5）资历要求

取得导游员资格证书后工作满一年。

2. 中级导游员等级标准

（1）知识要求

熟悉我国的大政方针，掌握旅游及其有关的政策法规；全面掌握当地主要游览点的导游知识，了解我国主要旅游景点、线路的有关知识；掌握与业务有关的我国政治、经济、历史、地理、社会、宗教、艺术和民俗等方面的基本知识；熟悉有关主要客源市场的概况和特点；熟练掌握导游工作规范；外语导游员掌握一门外语，达到外语专业大专毕业水平；中文导游员掌握汉语言文学的有关知识，达到大专毕业及以上水平。

（2）技能要求

能接待不同性质、类型和规模的旅行团，有比较娴熟的导游技能；能独立处理旅行中发生的疑难问题；能正确理解旅游者的服务要求，有针对性地进行导游服务；能与旅游者、有关业务单位和人员密切合作，有较强的公关能力；导游语言流畅、生动，语音、语调比较优美，讲究修辞；外语导游员的外语表达正确，中文导游员能使用标准的普通话，并能基本听懂一种常用方言（粤语、闽南话或客家话）；能培训和指导初级导游员。

（3）业绩要求

工作成绩明显，为企业的业务骨干，无服务质量方面的重大投诉，游客反映良好率不低于90%。

（4）学历要求

外语导游员的学历与初级导游员的学历要求相同，中文导游员具有大专及其以上学历。

（5）资历要求

取得初级导游员资格两年以上。

3．高级导游员等级标准

（1）知识要求

全面掌握我国的大政方针和旅游及其有关的政策法规；全面、深入地掌握当地游览内容；熟悉我国有关的旅游线路和景点知识；有比较宽广的知识面；掌握有关客源市场的重要知识及其接待服务规律；熟练掌握导游工作规范；外语导游员熟练掌握一门外语，初步掌握一门第二外语；中文导游员熟练掌握汉语言文学的有关知识，初步掌握一种常用方言（粤语、闽南话或客家话）。

（2）技能要求

有娴熟的导游技能，并有所创新；能预见并妥善处理旅行中发生的特殊疑难问题；有一定的业务研究能力，能创作内容健康、语言优美的导游词；外语导游员能用一门外语自如、准确、生动地表达思想内容，并能胜任一般场合的口译工作；中文导游员能用标准的普通话和一种常用方言（粤语、闽南话或客家话）工作，语言准确、生动、形象；能培训和指导中级导游员。

（3）业绩要求

工作成绩突出，无服务质量方面的重大投诉，游客反映良好率不低于95%，在国内外同行和旅行社中有一定影响，通过优质服务能为所在企业吸引一定数量的客源，有较高水平的导游工作研究成果（论文、研究报告等）。

（4）学历要求

与中级导游员的学历要求相同。

（5）资历要求

取得中级导游员资格四年以上。

4. 特级导游员等级标准

（1）知识要求

对有关的方针、政策和法规有全面、深入和准确的理解；对当地游览内容有精到的认识，全面掌握我国有关旅游线路景点的知识；有宽广的知识面，在与业务有关的某一知识领域有较深的造诣；掌握有关客源市场的知识，全面、准确、具体地了解其特点和接待服务规律；熟练掌握导游工作规范；外语导游员精通一门外语，基本掌握一门第二外语；中文导游员掌握汉语言文学知识，基本掌握一种常用方言（粤语、闽南话或客家话）。

（2）技能要求

导游技能超群，导游艺术精湛，形成个人风格；能预见和妥善解决工作中的突发事件；能通过优质服务吸引客源；有较强的业务研究能力；有很高的语言表达能力，外语导游员能胜任旅游专业会议及其他重要场合的口译工作，中文导游员能胜任某一有关专业（如重点寺庙、古建筑或博物馆）的解说；能创作富有思想性、艺术性的导游词；能培训和指导高级导游员。

（3）业绩要求

职业道德高尚，工作成绩优异，有突出贡献，在国内外同行和旅行社中有较大的影响，无服务质量方面的重大投诉，游客反映良好率不低于98%，有一定数量高水平并正式发表的导游工作研究成果。

（4）学历要求

学历要求与高级导游员相同。

（5）资历要求

取得高级导游员资格五年以上。

考取导游人员资格证是取得导游证的必备条件，另外还有和旅行社签订的合同来申请导游证，导游证根据资历可以分为初级、中级、高级和特级。如图5—1所示。

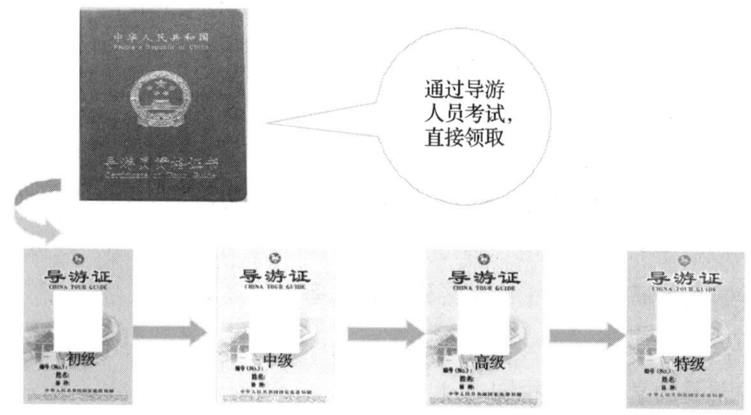

取得导游资格证满1年　取得初级导游员资格2年以上　取得中级导游员资格4年以上　取得高级导游资格5年以上

图5—1　取得导游证需要的条件

第三节 导游人员的权利和义务

一、导游人员的权利

导游人员作为一般公民，依法享有我国宪法和法律规定的各项权利并履行其法定的义务。导游人员的权利主要是指导游人员依法享有的权利，它表现为权利享有者可以自己作出一定的行为，也可以要求他人作出或不作出一定的行为。下面是《导游人员管理条例》及相关法律规范赋予导游人员的权利。

1. 导游人员享有人格尊严不受侵犯

导游人员在执行导游活动中，人格尊严不受侵犯。人格，从法律意义上说是指能够作为权利、义务主体的资格，人格权是民事主体具有法律上的独立人格必须享有的民事权利，生命、健康、名誉、姓名、肖像等，既是构成人的人格要素也是人作为民事主体从事民事活动所必须具备的条件。人格权是每一个公民和法人都毫无例外终身享有的基本的民事权利，无论公民还是法人，如不享有人格权，他的人身权就没有实际意义。

在旅行游览中，由于涉及的关系比较复杂，导游人员容易成为迁怒的对象，个别旅游者在旅游活动中遇到不顺心的事，就肆意侮辱谩骂导游人员，甚至发生殴打导游人员的事件。此外，在旅行游览中，个别旅游者对导游人员甚至提出违反其职业道德的不合理要求，如在境外旅游时，要求导游人员带其到色情场所等。为保护导游人员的正当权利，《导游人员管理条例》第十条规定，导游人员进行导游活动时，其人格尊严应当受到尊重，其人身安全不受侵犯。导游人员有权拒绝旅游者提出侮辱其人格尊严或违反其职业道德的不合理要求。

2. 导游人员在紧急情形下，享有调整或者变更接待计划的权利

《导游人员管理条例》第三十二条第二款规定，导游人员在引导旅游者旅行、游览过程中，遇到可能危及旅游者人身安全的紧急情形时，经征得多数旅游者的同意，可以调整或者变更接待计划，但是应当立即报告旅行社。

导游人员享有调整或变更接待计划的权利。但是，导游人员行使这一权利时，必须符合下列条件：

（1）必须是在引导旅游者旅行、游览过程中。也就是说必须在旅游活动开始后、结束前。在旅游合同订立之后，旅游活动开始之前，如果出现不利于旅游活动的情形，应当由旅行社与旅游者进行协商，达成一致意见后，由旅行社调整或者变更旅游接待计划。

（2）必须是遇有可能危及旅游者人身安全的紧急情形时。

（3）必须是征得多数旅游者的同意。这是一个非常重要的条件。即在旅行、游览过程中，遇到可能危及旅游者人身安全的紧急情况时，导游人员要调整接待计划，必须要征得旅游团中多数旅游者的同意。这是因为，旅游合同包括旅游接待计划，一经双方确认订立，就应当严格按照合同约定履行。如果需要调整或者变更旅游计划，应当经过双方协商一致。但如果发生了法定的紧急情形，为保证旅游者的人身安全，导游人员只要征得多数旅游者的同意，就可以行使该权利。

（4）必须立即报告旅行社。旅游接待计划是由旅行社确定，并得到旅游者认可的，导游人员只是受旅行社委派执行旅游接待计划，本身并无变更权，在法定情形下行使该权利后应当立即报告旅行社，以得到旅行社的认可。

案例学习

旅游行程可以改变吗？

20×× 年8月上旬，西安某公司组织员工到武当山风景区进行观光旅游，按照合同约定，由当地某旅行社负责接待，该旅行社安排导游员王某接待。8月6号，在王某的引导下大家开始旅游活动，时近中午，突然下起大雨。大部分游客见此情景，建议王某带团返回宾馆，但是王某却声称，行程是事先定好的，不能更改，大家只好继续前行。等到下午4点钟，雨越下越大，已有个别路段积水，旅游车被困在途中，美好的旅途蒙上了一层阴影。

问题：1. 导游员王某的说法是否正确？

2. 导游人员是否有权调整接待计划？

评析：导游员王某的说法是不对的，在正常情况下，旅游行程是不应该变更的，但在本案例中，因为突然下起大雨，而且路途难走，可能会危及旅游者的安全，故而应该尊重大部分旅游者的意见回宾馆休息。《导游人员管理条例》第三十二条规定，导游人员在引导旅游者游览的过程中，遇到可能危及旅游者人身安全的紧急情形，经征得大多数人同意，可以调整或变更接待计划，但应该报告旅行社。

案例学习

旅行社该赔偿吗？

张某参加了国内某九寨沟、黄龙旅游团，并与某旅行社签订了国内旅游组团标准合同，且一次性付清了旅游款。在该旅行社的组织下，张某等25人去九寨沟、黄龙旅游。但游览九寨沟后赶赴黄龙时，天降大雨，随时有塌方的可能。导游员考虑到游客的生命安全，在征得车上20名游客同意（张某等5人反对）的前提下，取消了黄龙旅游计划，改游牟尼沟，并报告了旅行社。回来后，张某等5人认为旅行社违约取消黄龙景点，投诉了该旅行社，要求旅行社退回全部费用并承担相应损失。

问题：导游员的做法是否正确？为什么？

评析：导游员的做法是正确的，因为依据《导游人员管理条例》的规定，导游人员在旅游活动中享有调整或变更接待计划权，尽管张某等5人反对，但是由于发生了法定的紧急情况，导游员只要征得多数旅游者的同意，就可以行使该权利。

3．导游人员对旅游行政行为不服时，依法享有申请复议权和行政诉讼的权利

《导游人员管理条例》对导游人员违反条例的行为规定了具体的处罚措施，同时法律也授予导游人员在对旅游行政机关做出的具体行政行为不服时依法享有向上一级旅游行政机关申请复议的权利。导游人员对旅游行政管理部门下列行政行为不服时，有权向旅游行政机关申请复议：

（1）导游人员对旅游行政机关所给予的罚款、没收违法所得、吊销导游证、暂扣导游证、责令改正等行政处罚不服的。

（2）认为符合法定条件申领导游人员资格证书和导游证，旅游行政管理部门拒绝颁发或不予答复的。

（3）认为旅游行政管理部门违法要求导游人员履行义务的。

（4）认为旅游行政管理部门侵犯导游人员人身权、财产权的。

（5）法律、法规规定的其他可以申请复议的内容。

导游人员对旅游行政管理部门的具体行政行为不服时，享有向人民法院提起行政诉讼的权利，具体内容同申请复议权。

4．享有劳动报酬权

《旅游法》第三十八条 旅行社应当与其聘用的导游依法订立劳动合同，支付劳动报酬，缴纳社会保险费用。旅行社临时聘用导游为旅游者提供服务的，应当全额向导游支付本法第六十条第三款规定的导游服务费用。

为了保证导游人员的利益，旅游法规定了旅行社必须与导游人员依法订立劳动合同，支付劳动报酬，缴纳社会保险费用，全额向导游人员支付导游服务费用等，保证了各类导游人员都有固定的收入渠道，使得导游人员的基本权益有了可靠的保障，也可以在一定程度上杜绝导游人员强迫旅游者购物的情况。

二、导游人员的义务

根据《导游人员管理条例》规定，导游人员的义务主要包括下列几点：

1．导游人员进行导游活动时，应当佩戴导游证

导游证是国家准许导游工作的证件。为此《导游人员管理条例》规定，导游人员佩戴导游证是导游人员执行导游任务时的一项法定义务。导游人员在工作中佩戴导游证既是为了给旅游者提供更加规范的服务，便于旅游者识别导游人员，也便于旅游行政管理部门的监督检查。

既然导游人员在工作时佩戴导游证是一项法定义务，那么不履行这项义务，就必须承担相应的法律责任。《导游人员管理条例》第二十一条规定，导游人员进行导游活动时未佩戴导游证的，由旅游行政管理部门责令改正；拒不改正的，处500元以下的罚款。

2．导游人员进行导游活动时，必须经旅行社委托

为规范旅游市场，维护旅游者的合法权益，导游人员不得私自承揽或以其他任何方式直接承揽导游业务，进行导游活动。违反上述规定的，由旅游行政管理部门责令改正，处1 000元以上3万元以下的罚款；有违法所得的，并处没收违法所得；情节严重的，由省、自治区、直辖市人民政府旅游行政管理部门吊销导游证并予以公告。

3．导游人员进行导游活动时，应当自觉维护国家利益和民族尊严，不得有损害国家利益和民族尊严的言行；应当遵守职业道德，尊重旅游者的宗教信仰、民族风俗和生活习惯

导游人员从事的是关乎国家和地区形象的窗口工作，在进行导游活动时，必须要维护国家利益和民族尊严，遵守职业道德，着装整洁，礼貌待人，尊重旅游者的生活习惯。

导游人员进行导游活动时，有损害国家利益和民族尊严言行的，由旅游行政管理部门责令改正；情节严重的，由省、自治区、直辖市人民政府旅游行政部门吊销导游证并予以公告；对该导游人员所在的旅行社给予警告直至责令停业整顿。

4．导游人员应当严格按照旅行社确定的接待计划，安排旅游者的旅行、游览活动，不得擅自增加、减少旅游项目或者中止导游活动

这是导游人员必须履行的按接待计划组织旅游的义务。由旅行社确定的接待计划是经过旅游者认可的，是旅游者与旅行社订立的旅游合同的一个组成部分。虽然导游人员在引导旅游者旅行、游览过程中，遇到可能危及旅游者人身安全的紧急情况，经多数旅游者同意可以调整接待计划，但是无论遇到任何情形，都不可以擅自中止导游活动。

中止导游活动是指导游过程中，擅自中止导游活动的行为。一般来说，构成中止导游活动要具备以下几个条件：一是在导游活动结束之前；二是必须是擅自中止；三是必须是彻底中止，是指导游人员彻底放弃了原来的导游活动。上述三个条件缺一不可。

导游人员有擅自增加、减少旅游项目或者中止导游活动等情形之一的，由旅游行政管理部门责令改正，暂扣导游证3～6个月；情节严重的，由省、自治区、直辖市人民政府旅游行政管理部门吊销导游证并予以公告。

案例学习

是导游终止了导游活动吗?

20×× 年7月，北京市某中学教师12人参加了某旅行社组织的桂林旅游团，刘某为该团导游。时至出发，刘某发现其中有7名老师带孩子同往桂林，随即向旅行社报告并要求他们增交旅游费用，这7名老师每人增交了交通费、餐费300元。该团至桂林风情园游览时，导游请他们另付孩子的门票每人50元，这7位教师坚决不交，由此发生了争执，其中一位教师拨打了110报警，警方把刘某带离现场询问后送回。刘某十分恼火，遂向旅行社请示，不愿再继续带此团，经旅行社同意，刘某请地接社负责关照此团后返回北京。该团回京后投诉，认为刘某擅自弃团，属于导游中止活动，要求处罚刘某并退赔旅行费用及经济损失。

问题：刘某的行为是否属于中止导游活动？为什么？

评析：导游刘某的行为不属于中止导游活动，因为刘某在出发时发现有7名老师带孩子一同旅游，遂要求增加交通费、餐费及门票费，这个做法没有问题，老师与其发生争执并拨打110，刘某被警方带走问话，遂向旅行社请辞，得到批准后返京。从刘某的行为来看不符合中止导游的条件，他离开旅游团是经过旅行社同意的，旅游团成员的主张是没有道理的。

5. 导游人员进行导游活动，不得向旅游者兜售物品或者购买旅游者的物品，不得以明显或者暗示的方式向旅游者索要小费

导游人员进行导游活动，向旅游者兜售物品或者购买旅游者的物品，或者以明显或暗示的方式向旅游者索要小费的，由旅游行政部门责令改正，处1 000元以上3万元以下的罚款；有违法所得的，并处没收违法所得；情节严重的，由省、自治区、直辖市人民政府旅游行政管理部门吊销导游证并予以公告；对委派该导游人员的旅行社予以警告直至责令停业整顿。

案例学习

强行兜售终受罚

导游人员陈某受国际旅行社委托，为日本来沪的旅游团担任导游。在旅游过程中，陈某见某游客随身携带的数码照相机精巧诱人，功能齐全，经了解，该数码照相机售价比国内便宜，遂多次与该游客协商，最后购买了该照相机。另外，在送日本游客离沪回国去机场的车上，陈某还向游客推销朋友经销的旅游工艺品。事后，由于日本游客的投诉，陈某受到旅游行政管理部门罚款2 000元的行政处罚。

评析：本案例中，导游陈某的行为属于违法向旅游者兜售物品及购买旅游者物品的行为。日本游客虽然在陈某的多次“协商”下把数码照相机卖给了陈某，以及在去机场的路上陈某推销旅游工艺品，游客由于碍于情面也许会答应，但是从游客回国后又向旅游行政管理部门投诉的事实来看，游客对陈某的行为是不满意的。

6．导游人员进行导游活动时，不得欺骗、胁迫旅游者消费或者与经营者串通欺骗、胁迫旅游者消费

导游人员进行导游活动时，欺骗、胁迫旅游者消费或者与经营者串通欺骗、胁迫旅游者消费的，由旅游行政部门责令改正，处 1 000 元以上 3 万元以下的罚款；有违法所得的，并处没收违法所得；情节严重的，由省、自治区、直辖市人民政府旅游行政部门吊销导游证并予以公告；对委派该导游人员的旅行社予以警告直至责令停业整顿；构成犯罪的，依法追究其刑事责任。

7．导游人员在引导旅游者旅行、游览过程中，应当就可能发生危及旅游者人身、财物安全的情况，向旅游者做出真实说明和明确警示，并按照旅行社的要求采取防止危害发生的措施

导游人员在带团活动中发生危及旅游者人身、财物安全的情况时，如果没有向旅游者做出真实说明和明确警示及采取防止危害发生的措施，导游人员和旅行社要承担相应的法律责任。

案例学习

野果惹的祸

天津某旅行社接待了一个从山西来的 30 人的旅游团，在游览天津蓟县的过程中，导游吴某告诉游客山上有很多野果可以食用，如果游客愿意，可以随便摘着吃。有一位游客吃了一种野果后，便觉得不舒服，经医院诊断是轻度中毒，和他在一起的其他游客也吃了这种果子却都安然无恙。后来，该游客投诉了该旅行社，并要求赔偿。经交涉，旅行社赔偿其医药费 3 000 元。

问题：导游吴某应不应该负相应的责任?

评析：游客在异地他乡或异国旅游，大多情况下是人地两生，所以导游对游客的提醒、告诫、警示与导游讲解同样非常重要，在涉及游客安全和切身利益的时候，用词一定要严谨、认真。对安全隐患应该多提醒，以避免事故的发生。此案例属于饮食卫生安全方面的案例，游客的中毒事实上未必就是因为误食野果，但由于导游吴某没有做相关的提醒，反而鼓动在先，发生纠纷当然难逃其责。

知识链接

对无证导游进行导游活动的管理

导游是一项专业性很强的职业，导游人员的职业素养、服务水准与旅游业的发展、旅游者的合法权益密切相关。因此，国家规定从事导游工作必须取得导游证，但实际存在着无证导游的现象，有的地方甚至还比较严重。这一现象不仅损害了旅游业的健康发展，也侵害了旅游者的合法权益。为此《导游人员管理条例》第十八条规定，无导游证进行导游活动的，由旅游行政部门责令改正并予以公告，处 1 000 元以上 3 万元以下的罚款；有违法所得的，并处没收违法所得。

第四节　导游人员计分管理和年审管理

为了加强导游人员队伍建设，维护旅游市场秩序和旅游者的合法权益，国家旅游局于 2002 年 1 月 1 日起实施《导游人员管理实施办法》（以下简称办法），其中确定了导游人员的计分管理和年审管理两项制度。

一、导游人员计分管理制度

导游人员计分管理制度是指旅游行政管理部门为了对导游人员的职业行为进行动态监管，根据其违规的性质、情节轻重，经查实予以扣分的一项管理制度。其主要内容如下：

1．计分管理部门及其职责

依据《办法》规定，国务院旅游行政管理部门负责制定全国导游人员计分管理政策并组织实施、监督检查；省级旅游行政管理部门负责本行政区域内导游人员计分管理的组织实施和监督检查；所在地旅游行政管理部门在本行政区域负责导游人员计分管理的具体执行。

《办法》之所以规定导游人员的计分管理由所在地旅游行政管理部门负责具体实施，是为了方便操作。因为在实际中，往往甲地的旅行社导游在乙地违规后，乙地的旅游行政管理部门不便对其实施有效管理，致使各项管理制度形同虚设。

2．计分管理的具体办法

导游人员计分办法实行年度 10 分制。导游人员的 10 分分值被扣完后，由最后扣分的旅游执法单位暂时保留其导游证，出具保留导游证证明，并于 10 日内通报导游人员所在地旅游行政管理部门和登记注册单位。正在带团过程中的导游人员，可持旅游执法单位出具的保留证明完成团队剩余行程。

对导游人员的计分管理是旅游行政管理部门的一项行政管理措施，不属于行政管理处罚的范畴。因此，对导游人员的违法、违规行为除扣减其相应分值外，要依据有关法律给予处罚。例如，某导游人员在导游活动中，擅自减少旅游项目而被扣除 8 分，旅游行政管理部门还应当依据《导游人员管理条例》第二十二条的规定责令改正，暂扣导游证 3 ~ 6 个月；情节严重的，由省、自治区、直辖市人民政府旅游行政管理部门吊销导游证，并予以公告。

3．计分管理的实施标准（见表 5—1）

表 5—1　　计分管理的实施标准

序号	扣分	扣分行为
1	扣除 10 分	①有损害国家利益和民族尊严的言行的 ②诱导或安排旅游者参加黄、赌、毒活动项目的 ③有殴打或谩骂旅游者行为的 ④欺骗、胁迫旅游者消费的 ⑤未通过年审继续从事导游业务的 ⑥因自身原因造成旅游团重大危害和损失的
2	扣除 8 分	①拒绝、逃避检查，或者欺骗检查人员的 ②擅自增加或者减少旅游项目的 ③擅自中止导游活动的 ④讲解中掺杂庸俗、下流、迷信内容的 ⑤未经旅行社委派私自承揽或者以其他任何方式直接承揽导游业务的
3	扣除 6 分	①向旅游者兜售物品或购买旅游者物品的 ②以明示或者暗示的方式向旅游者索要小费的 ③因自身原因漏接、漏送或误接、误送旅游团的 ④讲解质量差或不讲解的 ⑤私自转借导游证供他人使用的 ⑥发生重大安全事故不积极配合有关部门救助的
4	扣除 4 分	①私自带人随团游览的 ②无故不随团活动的 ③在导游活动中未佩戴导游证或未携带计分卡的 ④不尊重旅游者宗教信仰和民族风俗的
5	扣除 2 分	①未按规定时间到岗的 ② 10 人以上团队未打接待社社旗的 ③未携带正规接待计划的 ④接站未出示旅行社标识的 ⑤仪表、着装不整洁的 ⑥讲解中吸烟、吃东西的

二、导游人员年审管理制度

导游人员年审管理制度是指旅游行政管理部门对导游人员当年从事导游业务的情况、扣分情况、接受行政处罚情况、游客反映情况等进行考评的管理制度。其主要内容如下：

1．年审管理部门及职责

国务院旅游行政管理部门负责制定全国导游人员年审工作政策，组织实施并监督检查。省级旅游行政管理部门负责组织、指导本行政区域内导游人员年审工作并监督检查。所在地旅游行政管理部门具体负责组织实施对导游人员的年审工作。

2．年审管理的实施

年审以考评为主，考评等级分为通过年审、暂缓通过年审和不予通过年审 3 种。具体如下：一次扣分达到 10 分，不予通过年审；累计扣分达到 10 分的，暂缓通过年审。一次被扣 8 分的，全行业通报。一次被扣 6 分的，警告批评。暂缓通过年审的，通过培训和整改后方可重新上岗。导游人员通过年审后，年审单位应核销其遗留分值，重新输入初始分值。

3．年审管理的其他规定

导游人员必须参加所在地旅游行政管理部门举办的年审培训。培训时间应根据导游业务需要灵活安排。每年累计培训时间不得少于 56 小时。此外，旅行社或导游服务管理机构应为注册导游人员建立档案，对导游人员进行工作培训和指导，建立对导游人员工作情况进行检查、考核和奖惩的内部管理机制，接受并处理对导游人员的投诉，负责对导游人员年审的初评。

思考与练习

1．参加导游人员资格考试需要具备哪些条件？

2．什么是导游人员职业等级考核制度？对于四个不同级别的导游人员分别用什么考核评定方法？

3．导游人员在导游活动中应承担怎样的义务？又享有哪些权利？

4．导游人员在什么情况下可以行使行政复议权？

5．不颁发导游证的情形有哪些？

6．导游人员在什么情形下享有变更旅游计划的权利？

第六章

chapter 6

旅游安全管理法规制度

我国历来十分重视旅游安全工作，1990 年国家旅游局颁布了《旅游安全管理暂行办法》，1994 年颁布了《旅游安全管理暂行办法实施细则》，2005 年制定了《旅游突发公共事件应急预案》，2013 年 10 月 1 日施行的《旅游法》对旅游安全工作进行专门的规范说明，标志着我国旅游安全管理工作步入法制化的轨道。

学习目标

- 理解旅游安全管理的重要意义。
- 熟知旅游安全管理的含义及原则。
- 理解旅游目的地安全风险提示制度及旅游突发事件的应对机制。
- 掌握旅游安全事故的处理程序。
- 熟知旅行社责任保险的适用情形。

第一节　旅游安全管理

旅游安全关乎着旅游者的生命和财产安全，是旅游活动得以顺利进行的保障。由于旅游活动的流动性、异地性等诸多特点，加之影响旅游安全的各种不确定性因素在增加，给旅游安全的保障工作带来了很大的难度，甚至出现大量游客被困滞留的事件，旅游法把旅游安全放在了首要位置，对旅游安全管理做出了专门的规定。

一、旅游安全管理的含义和原则

《旅游法》第七十六条　*县级以上人民政府统一负责旅游安全工作。县级以上人民政府有关部门依照法律、法规履行旅游安全监管职责。*

1．旅游安全管理的含义

旅游安全管理，是指国家有关旅游安全管理机关、旅游企事业单位、旅游从业人员在旅游活动中为保障旅游者人身和财物安全，依据各项法律、法规和规章制度而实施的各种行为的总称。

旅游安全直接关系到旅游业的健康稳定发展，因此，我国历来十分重视旅游安全工作，多年来，国家旅游局先后制定了多部旅游安全管理规章制度。

2．旅游安全管理的原则

旅游安全管理工作应遵循“统一指导、分级管理、以基层为主”的原则。

统一指导，是指国家旅游局统一指导全国的旅游安全工作。

分级管理，是指县级以上人民政府统一负责旅游安全工作。县级以上人民政府有关部门依照法律、法规履行旅游安全监管职责。这里的“有关部门”是指各级负有旅游安全监管职责的部门。旅游安全管理采用分级管理体制，既有利于统一管理，也有利于分工协作，明确责任。

以基层为主，是指旅游安全管理的关键在基层，包括旅行社、旅游饭店、旅游车船公司、旅游景点景区、旅游购物商店等。

知识链接

旅游经营企业的安全管理工作

旅行社、旅游饭店、旅游交通公司、旅游景点景区、旅游购物商店、旅游娱乐场所和其他旅游经营企业，是旅游安全管理工作的基层单位，旅游经营企业的安全管理工作包括：

1. 建立旅游综合协调机制，把旅游安全纳入其中，并作为一项重要的综合协调内容。

2. 加强对本地区旅游安全的监督管理，对本地区旅游突发事件的发生及事后处理负总责。

3. 定期召开旅游安全工作会议。

4. 定期组织对本地区旅游安全进行监督、检查，排除隐患。

5. 明确各相关部门的旅游安全监管职责，建立健全旅游安全管理规章制度和旅游突发事件的应急预案，把旅游安全纳入突发事件的监测和评估体系。

6. 对旅游安全监管中的重大问题予以及时协调、解决。

7. 建立安全管理责任制，将安全管理的责任落实到每个部门、每个岗位、每个职工。

二、建立旅游目的地安全风险提示制度

《旅游法》第七十七条　国家建立旅游目的地安全风险提示制度。旅游目的地安全风险提示的级别划分和实施程序，由国务院旅游主管部门会同有关部门制定。县级以上人民政府及其有关部门应当将旅游安全作为突发事件监测和评估的重要内容。

1. 旅游目的地安全风险提示制度的含义

旅游目的地安全风险提示制度主要是指，预先发现境内外旅游目的地可能对旅游者人身、财产造成损害的自然灾害、社会安全事件等存在的安全风险，并通过识别旅游安全风险的级别，提出旅游出行的建议，并按规定的程序向社会发布相关提示信息的制度。

旅游目的地是否安全已成为旅游者是否出游的首选因素，比如是否有传染病、地质灾害或是恐怖事件等，建立旅游目的地安全风险提示制度是我国旅游业发展过程中的重要安全管理手段，各地人民政府应当完善当地的旅游目的地风险提示制度，国务院有关部门应当完善境外旅游目的地安全风险提示制度，向旅游者发出旅游出行的安全提示，供旅游者参考。

阅读资料

疫情蔓延，谨慎出游

国家旅游局发布出游提示，2015 年 6 月份韩国出现多例确诊的中东呼吸综合征（MERS）病例，韩国政府将疫情预警级别由“注意”上调到“警戒”。

中东呼吸综合征是一种是由新型冠状病毒引起的呼吸道疾病，该病毒于 2012 年 6 月在沙特阿拉伯境内被首次发现，沙特也成为该病毒肆虐的重疫区。检测发现，沙特的大多数年幼骆驼都携带该病毒。该病毒有较高的致死率，目前人类尚未找到有效的解决方法，2015 年 5 月份一韩国男子到访巴林、卡塔尔等中东地区返回后被确诊为韩国首例中东呼吸综合征患者，截止到 6 月 9 号，韩国已经确诊患者增至 95 例，死亡人数增至 7 例，外交部领事司和驻韩国使领馆提醒拟赴韩和已在韩中国公民关注疫情信息，做好防范应对。

2．把旅游安全纳入突发事件的监测和评估

旅游目的地安全风险监测和评估是指对旅游目的地的各类危及或者可能危及旅游者人身、财产安全的突发事件进行监测、分析和评估的综合过程。

县级以上人民政府及有关部门要把旅游安全作为突发事件监测和评估的重要内容，考虑旅游这一要素，旅游主管部门应给予配合，这样就可以利用县级以上人民政府已有的应急资源，有利于提升旅游安全的预警能力，使旅游安全风险提示的准确性大幅度提升。

要完全避免旅游突发事件是不可能的，但可以通过对突发事件的风险监测和评估，及时发现这些隐患，把突发事件的事态控制在萌芽状态，有效防范旅游安全事故的发生。

三、旅游突发事件的应对

1．旅游突发事件的含义

旅游突发事件是指在旅游活动中因自然灾害、事故灾难、突发公共卫生事件和突发社会安全事件而发生的重大游客伤亡事件。

旅游突发事件的范围主要包括：

（1）自然灾害、事故灾难导致的重大游客伤亡事件，包括：水旱等气象灾害，山体滑坡和泥石流等地质灾害，民航、铁路、公路、水运等重大交通运输事故，其他各类重大安全事故等。

（2）突发公共卫生事件造成的重大游客伤亡事件，包括：突发性重大传染性疾病疫情、群体性不明原因疾病、重大食物中毒，以及其他严重影响公众健康的事件等。

（3）突发社会安全事件指发生重大涉外旅游突发

事件和大型旅游节庆活动事故。包括：发生港澳台和外国游客死亡事件，在大型旅游节庆活动中由于人群过度拥挤、火灾、建筑物倒塌等造成人员伤亡的突发事件。

2. 县级以上人民政府应建立应对机制

《旅游法》第七十八条　县级以上人民政府应当依法将旅游应急管理纳入政府应急管理体系，制定应急预案，建立旅游突发事件应对机制。

突发事件发生后，当地人民政府及其有关部门和机构应当采取措施开展救援，并协助旅游者返回出发地或者旅游者指定的合理地点。

（1）制定旅游突发事件应急预案

制定旅游突发事件应急预案，是开展旅游应急管理工作的基础。要把旅游应急管理纳入到县级以上人民政府应急管理体系，这样就可以使用政府的应急资源更好地开展旅游应急工作。

县级以上人民政府应当依据旅游法的规定，组织有关部门针对旅游突发事件的性质和可能造成的社会危害，建立健全具有针对性、可行性的旅游应急救援预案，建立联动机制，形成完整、健全的旅游救援体系，同时也要加强对工作人员应急救援工作的培训和演习。

阅读资料

豪华游轮突然翻船

2015年6月1日，一艘名为东方之星豪华游轮在由南京开往重庆的途中，行至长江中游湖北监利水域时突遇龙卷风发生翻船，船上458人仅有十余人生还。

灾难发生后，国家主席习近平立即做出了重要批示，要求全力做好人员搜救工作，保护人民生命安全，国务院总理李克强紧急赶赴湖北监利县，现场指挥客船翻沉事故救援和应急处置工作，公安部立即启动应急响应，交通运输部也马上启动一级应急响应，协助多艘船舶在现场搜寻，长江航务管理局和荆州市、监利县调集力量在现场开展紧急搜救；湖北省第一时间启动突发事件一级应急响应，成立水上搜救指挥部，组织预备人员580人、武警1 000人还有公安干警等人在事发江段开展巡查，全力配合水面搜救，相邻省份也投入大量的人员和装备参与救援，多方通过协调进行积极紧急救援，一切都是以救人为中心，灾难无情人有情。

（2）采取措施开展救援工作

旅游突发事件发生后的基本要求是要采取措施开展救援工作，处置突发事件的当地人民政府应当针对其性质、特点和危害程度，立即组织有关部门开展救援工作，调动应急救援队伍和社会力量，依法采取各类应急处置。

中国公民在境外旅游遇到突发事件的，国务院有关部门应积极组织善后处理，控制事态发展；我国驻外机构，要协助开展医疗急救、财产保护等转移工作，迅速通知涉事保险机构及国际救援机构提供紧急救援，并做好应急处置等安置工作。

（3）协助旅游者返回

旅游突发事件应对的特殊要求是协助旅游者返回。旅游者在他乡异地遇到旅游突发事件后，往往孤立无援，应该尽快协助其离开事件发生地，避免因生活物资短缺等方面给旅游者造成二次伤害。在面对突发事件时，如果旅行社没有能力履行协助旅游者返回出发地的义务，需要政府运用政府职能妥善解决旅游者面临的实际困境，促使旅游突发事件的快速善后。

3. 旅游经营者应当采取必要的救助措施

《旅游法》第八十一条 *突发事件或旅游安全事故发生后，旅游经营者应当立即采取必要的救助和处置措施，依法履行报告义务，并对旅游者做出妥善安排。*

（1）采取积极合理的救助措施

突发事件发生后，旅游经营者要在必要的范围内实施救助，主要包括：营救受害旅游者，疏散、撤离、安置受到威胁的旅游者，控制危险源，封锁危险场所，并采取其他防止危害扩大的必要措施。

（2）及时向有关部门报告

突发事件发生后，旅游经营者及事故的有关人员，应当立即向有关人民政府、相关部门和本单位负责人报告，不得延误，以便及时组织抢救。

（3）对旅游者进行妥善安置

旅游经营者对事发地的环境更为熟悉，因此要在能力范围内对旅游者做出妥善的安置，转移到临时避难场所，给旅游者解决食宿问题，协助旅游者返回出发地或指定的合理地点，避免旅游者再次受到伤害。

四、旅游经营者的安全防范责任

旅游经营者的安全保障能力是旅游活动顺利进行的保证，是旅游活动安全开展的基础，是旅游者选择旅游经营者的重要标准之一。

旅游经营者包括旅行社、旅游饭店、旅游交通公司、旅游购物商店、旅游娱乐场所和其他经营旅游业务的企事业单位，它们是旅游安全管理工作的基层单位，应当依法采取安全保障措施，确保旅游安全。

1. 旅游经营者要制定安全保护制度和应急预案

旅游经营者应当制定旅游者安全保护制度和应急预案，充分保障旅游者的人身、财产安全，防止旅游者安全事故的发生。

主要包括：安全责任落实到人，建立旅游安全风险监评制度、旅游安全信息披露制度、旅游安全隐患排查制度，对旅游从业人员进行教育培训，建立各项应急预案等。

2．开展经常性的应急救助技能培训

在旅游过程中，旅游者可能会遇到一些突发事件、意外伤害等，严重的甚至会危及到旅游者的生命安全，对于经常接触旅游者的旅游一线从业人员，掌握基本的救护知识和必要的应急技能，就能防止旅游者伤情继续恶化，为最佳救治争取时间，挽救旅游者生命。

因此，旅游经营者应加强对一线旅游从业人员的应急救助技能培训，主要包括：现场急救、创伤急救（如止血、包扎、固定、搬运等技巧）、心肺复苏、呼吸道梗死急救法等。

3．对产品和服务进行安全检验、监测和评估

旅游经营者应对提供的产品和服务进行严格的检验、监测和评估，国家有相关标准和条件的，应符合国家的标准和条件；国家没有标准和条件的，应保证提供产品或服务不存在不合理的风险，即不存在缺陷；即使存在合理风险的也要采取必要的措施防止危害发生。

4．对特殊群体的安全保障措施

《旅游法》第七十九条　*旅游经营者组织、接待老年人、未成年人、残疾人等旅游者，应当采取相应的安全保障措施。*

（1）承接老年人的旅游业务时

旅行社应当建立健全各项安全制度，制定老年旅游专项应急预案；要尽到安全告知义务，对可能遇到的问题，采取相应的防范措施，同时针对老年游客的特点采取旅游安全措施，切实保障老年人的人身财产安全。

（2）承接未成年人旅游业务时

应当与未成年人的监护人订立含有安全条款的旅游合同。旅行社最好在暑期等适合未成年人旅游的时间，专门推出只针对未成年人的旅游产品，根据未成年人的特点，设计相对安全的旅游线路，并配备具有与未成年人沟通和交流经验的领队或导游。

（3）旅行社组织残疾人出游时

对于行动不便的残疾人，要合理安排行程，防止部分体力较差的旅游者发生旅游事故。游览过程中，个别游览项目要善意劝阻残疾旅游者谨慎参与，防止意外发生。行程中要根据特定旅游目的地的风险做好防范工作，尽量减少到无障碍设施不完善的旅游景点。

5．旅游活动中相关事项说明和警示的义务

旅游经营者应该就如何正确使用相关设施、设备的方法以及安全应急措施等进行说明和警示。

《旅游法》第八十条　*旅游经营者应当就旅游活动中的下列事项，以明示的方式事*

先向旅游者作出说明或者警示：

（一）正确使用相关设施、设备的方法；

（二）必要的安全防范和应急措施；

（三）未向旅游者开放的经营、服务场所和设施、设备；

（四）不适宜参加相关活动的群体；

（五）可能危及旅游者人身、财产安全的其他情形。

案例学习

出国旅游摔伤，能否获赔

20×× 年 10 月王女士与北京 A 旅行社签订了《北京市出境旅游合同》，约定 11 月 11 号由该旅行社组织王女士等 24 名游客前往新加坡、曼谷等地旅游。在旅游团前往马来西亚云顶途中，因客车司机过减速带时未减速，致使坐在最后排的王女士被高高颠起，王女士随即感到腰部疼痛难忍，遂要求立即住院检查，旅行社称在国外就医麻烦，未给办理住院手续。王女士回国后经医院诊断为："腰椎体压缩骨折"，住院治疗 30 天，出院后经多次与旅行社协商未果。王女士一纸诉状将旅行社告上法庭，要求赔偿残疾赔偿金、精神抚慰金、护理费等共计 7 万余元。

旅行社认为客车已做了减速处理，是有些颠簸，导游已预先做了安全告知，提醒游客注意，当时原告是躺在座椅上的，没有听从导游的劝导。不同意诉讼请求。

问题：法院该支持谁的观点，理由是什么？

评析：在本案例中，法院应该支持王女士的请求，公民享有生命健康权，旅游经营者未尽到安全保障义务，致使旅游者人身损害，旅游者有权要求旅游经营者承担责任。本案中，王女士与 A 旅行社签订北京市出境旅游合同，在 A 旅行社组织下到境外旅游，双方成立旅游服务合同关系。王女士在前往景点途中因乘坐车辆过减速带时发生颠簸，致其腰椎体压缩骨折，A 旅行社未尽到安全保障义务，故应当承担对应的赔偿责任。

五、旅游者遇到危险时，享有旅游救助请求权

《旅游法》第八十二条 旅游者面临人身、财产安全危险时享有旅游救助请求权，即旅游者在人身、财产安全遇有危险时，有权请求旅游经营者、当地政府和相关机构进行及时救助。中国出境旅游者在境外陷于困境时，有权请求我国驻当地机构在其职责范围内给予协助和保护。旅游者接受相关组织或者机构的救助后，应当支付应由个人承担的费用。

1．旅游者享有救助请求权

旅游者在旅游过程中当人身、财物安全遇有危险时，有权请求旅游经营者、当地政府和相关机构进行及时救助。遇有的危险主要指在旅游过程中遇到的突发事件、安全事

故、第三人侵害等已经发生，或者可能发生的，危及旅游者人身、财产安全的事件。接到救助请求的人员应当立即报告单位，根据情形施救。

2．旅游者出境游享有协助和保护的请求权

我国旅游者出境旅游在境外陷于困境时，有权请求我国驻当地机构在其职责范围内给予协助和保护。陷于困境的主要情形有人身、财产遇有危险，或者护照丢失、走失、被旅行社“甩团”等。

在境外的中国公民，是中国领事保护制度重要的保护对象，协助和保护是领事保护的重要内容，应当在有关法律框架内对旅游者给予必要的协助和保护，如当所在国发生重大突发事件时，为旅游者撤离危险地区提供咨询和必要的协助等。

3．旅游者应当承担必要的救助费用

旅游者在接受相关组织或机构救助后，应当支付由个人承担的费用，体现了权利与义务的统一。政府在旅游者遇险后承担救助工作，是义不容辞的责任，但是旅游救援一般需要动用大量的人力、物力和财力，救助成本较大，相关的责任方应区分不同的情况和责任，承担相应的救助费用，旅游者需要承担应该由自己支付的费用。

第二节 旅游安全事故的处理

近年来旅游安全事故频发，不仅给旅游者的身心造成了很大伤害，也破坏了旅游行业的正常秩序，及时有效地处理旅游安全事故既可以保护旅游者的权益，也可以减少对旅游业的不良影响。

一、旅游安全事故的含义和等级

1．旅游安全事故的含义

旅游安全事故是指发生在旅游过程中的，由自然或人为原因引起，造成旅游者人身或财产损失，并由此导致有关当事人承担相应法律责任的事故。

2．旅游安全事故的等级

根据旅游安全事故所造成的损害结果，旅游安全事故可分为轻微、一般、重大和特大 4 个等级：

轻微事故是指一次事故造成旅游者轻伤，或经济损失在 1 万元以下者。

一般事故是指一次事故造成旅游者重伤，或经济损失在 1 万至 10 万（含 1 万）元者。

重大事故是指一次事故造成旅游者死亡或者重伤致残，或经济损失在 10 万至 100 万（含 10 万）元者。

特大事故是指一次事故造成旅游者死亡多名，或经济损失在 100 万元以上，或性质特别严重、影响重大者。

二、旅游安全事故的处理流程

1. 一般旅游安全事故的处理程序

旅游安全事故一旦发生，应当严格按照规定的程序处理。依照《旅游安全管理暂行办法》的规定，事故发生单位在旅游安全事故发生后，应按下列程序处理：

（1）陪同人员应当立即上报主管部门，主管部门应当及时报告归口管理部门。导游人员在带团游览过程中，如果发生了旅游安全事故，导游人员应当立即向其所属旅行社和当地旅游行政管理部门报告。

（2）会同事故发生地的有关单位严格保护现场。对事故发生地的现场保护十分重要，它直接关系到能否准确地确定事故性质、寻找破案线索，也关系到安全事故的妥善处理。

（3）协同有关部门进行抢救、侦查。当旅游安全事故发生后，地方旅游行政管理部门和有关旅游经营单位人员，要积极配合公安、交通、救护等有关方面，组织对旅游者进行紧急救援，并采取有效措施，妥善处理善后事宜。

（4）有关单位负责人应及时赶赴现场处理。有关单位负责人包括组团社、地接社、旅游交通公司、事故发生地和组团社旅游行政管理部门的负责人，应当及时赶赴现场进行指挥，并采取适当处理措施，有利于安全事故的处理。

2. 重大旅游安全事故的处理程序

根据《重大旅游安全事故处理程序试行办法》的规定，重大旅游安全事故是指：造成海外旅游者人身重伤、死亡的事故，涉外旅游住宿、交通、游览、餐饮、娱乐、购物场所的重大火灾及其他恶性事故，其他经济损失严重的事故。

重大安全事故的处理原则是由事故发生地的人民政府牵头协调有关部门以及事故责任方及其主管部门负责处理，必要时成立事故处理领导小组。

（1）报告事故

在重大旅游安全事故发生后，报告单位应当立即派人赶赴现场，组织抢救工作，并及时报告当地公安部门。报告单位如不属事故方或事故责任方的主管部门，应按照事故处理领导小组的部署做好有关工作。

（2）保护现场

公安部门人员尚未进入事故现场前，如因现场抢救工作需要移动物证时，应做出标记，并尽量保护事故现场的客观、完整。如有伤亡情况，应立即组织医护人员进行抢救，并及时报告当地卫生部门；与此同时，事故报告单位应当确认伤亡人员的身份以及在国内外的保险情况，并进行登记。如有死亡事故，应注意保护好遇难者的遗骸、遗体。对事故现场的行李和物品，要认真清理和保护，并逐项登记造册。

（3）处理好海外旅游者伤亡事故

伤亡者中若有海外旅游者，责任方和报告单位在伤亡人员核查清楚后，要及时报告当地外事部门和中国旅游紧急救援协调机构，由后者负责通知有关方面，有关组团旅行社应及时通知有关海外旅行社，并应及时发函电抚慰伤亡者家属。责任方及其主管部门要认真做好伤亡人员家属的接待工作。

（4）出具证明文件

在伤亡事故的处理过程中，责任方及其主管部门负责联系有关部门，为伤残者或伤亡者家属提供有关证明文件。

知识链接

为伤亡或伤残家属提供的证明文件

- 为伤残人员提供医疗部门出具的《伤残证明书》。
- 为骨灰遣返者提供法医出具的《死亡鉴定书》、丧葬部门出具的《火化证明书》。
- 为遗体遣返者提供法医出具的《死亡鉴定书》、医院出具的《尸体防腐证明书》、防疫部门检疫后出具的《棺柩出境许可证》。

案例学习

西藏曲水重大交通事故

2007年7月13日中午，在西藏318国道曲水段桃花村境内发生了一起重大旅游交通事故。一辆西藏某旅游客运公司的金龙牌37座旅游大巴（内乘游客28人、司机1人、导游1人）在前往日喀则途中，车行至拉萨曲水县境内因司机强行超车，致使汽车坠入离路面80米高的雅鲁藏布江，事故造成包括司机、导游在内的15人死亡，两人失踪，13人受伤。此次事故是自1980年西藏对外开放旅游以来，发生的第一起重大旅游道路交通事故。发生事故的旅游团是一个“拉萨—日喀则2日游”散客拼团，游客分别来自四川、河北、陕西、广东、内蒙古等地，由西藏的四家旅行社的门市部分别收客，最后交由西藏某旅行社接待，由其负责安排旅游团的2天行程。

问题：针对这起安全事故处理程序有哪些？

评析：

1. 报告事故。地接社应该及时组织抢救，并立即向当地公安机关报案。

2. 保护好现场。尽量保护现场的客观、完整，马上拨打“120”急救电话，配合医护人员进行抢救，并报告当地卫生部门；应确认伤亡人员的保险情况，并保护好遇难者的遗体，对现场物品要认真清理和保护并登记造册。通知家属并为伤残或伤亡家属出具相关的证明文件。

3．特大旅游安全事故的处理程序

对特大旅游安全事故的调查处理，适用国务院发布的《特别重大事故调查程序暂行规定》。根据这一规定，当特大旅游安全事故发生后，应注意以下问题：

（1）报告事故

特大事故发生单位应立即将事故情况报告上级归口管理部门和所在地地方人民政府，并报告所在地的省、自治区、直辖市人民政府和国务院归口管理部门。并且在24小时内写出书面事故报告，报送上述部门。

省、自治区、直辖市人民政府和国务院归口管理部门在接到特大事故报告后，应当立即向国务院作出报告。

知识链接

特大事故报告内容

- 事故发生的时间、地点、单位。
- 事故的简要经过、伤亡人数和直接经济损失的初步估计。
- 事故发生原因的初步判断。事故发生后采取的措施及事故控制情况。
- 事故报告单位。

（2）现场保护

特大事故发生地公安部门得知发生特大事故后，应当立即派人赶赴现场，负责事故现场的保护和证据收集工作。对特大事故现场的勘察工作，由特大事故发生地地方人民政府负责组织有关部门进行。

（3）事故调查

特大事故发生后，按照事故发生单位的隶属关系，由省、自治区、直辖市人民政府或者国务院归口管理部门组织成立特大事故调查组，负责特大事故调查工作。此外，对于某些特大事故，国务院认为应当由国务院调查的，则可以决定由国务院或者国务院授权的部门组织成立特大事故调查组。

三、外国旅游者重大伤亡事故的处理

在重大和特大旅游安全事故中，经常会发生外国旅游者伤亡的情况，对于外国旅游者伤亡的事故，应当特别注意下列事宜：

1. 对外国人死亡处理的一般程序

对在华死亡的外国旅游者严格按照外交部发布的《外国人在华死亡后的处理程序》进行处理。

（1）确定死亡后，立即报告当地公安机关外事部门，并在上述部门同意后立即通过外事管理部门通知有关国家驻华使馆和组团单位。

（2）为前来了解、处理事故的外国使领馆人员和组团单位及伤亡者家属提供方便。

（3）与有关部门协调，为国际急救组织前来参与在国外投保的旅游者（团）的伤亡处理提供方便。

（4）如需尸体解剖，按公安、司法机关有关规定办理。

（5）出具死亡报告。

（6）对死者的尸体及骨灰进行处理。

（7）清点、处理死者遗物。

（8）写出《死亡善后处理情况报告》。

（9）对于外国旅游者的赔偿，按照国家有关保险规定妥善处理。

2. 正常死亡或死因明确的非正常死亡，一般不需作尸体解剖

如果死者家属或者其驻华使领馆要求尸体解剖，我方可同意，但必须有其家属或驻华使领馆的书面请求。

如果属于非正常死亡，为查明死因需要解剖尸体时，由公安、司法机关按照有关规定办理。

案例学习

日籍客人酒店身亡

2005年5月，日本某公司董事长A先生组织本公司代表团来中国旅游，入住上海某五星级酒店。次日晚，A先生举办宴会，庆贺自己的生日，因为高兴喝了很多烈性白酒。因为喝酒过多A头重脚轻，一头栽倒在浴缸里，失去知觉。酒店服务员发现后立即将A送往医院抢救，终因饮酒过量，抢救无效死亡。

问题：处理A先生死亡的程序有哪些?

评析：酒店应立即报告上海市公安机关外事部门，经同意后通知日本驻华使馆；为前来处理事故的日本家属及使馆人员提供方便；协同医院出具死亡证明；经家属同意对死者的尸体进行处理；清点死者遗物，写出《死亡善后处理情况报告》。

第三节　旅行社责任保险

旅行社在承接旅游业务的过程中，由于自身的疏忽、失误给旅游者带来了损失和伤害，但因旅行社的赔付能力较差，为了转移旅行社的风险，更是为了保障旅游者的权益，旅游法规定旅行社必须投保责任保险，尤其是潜水、探险等高风险项目。

一、旅行社责任保险概述

1．旅行社责任保险的概念

根据 2010 年通过的《旅行社责任保险管理办法》规定，旅行社责任保险，是指以旅行社因其组织的旅游活动对旅游者和受其委派并为旅游者提供服务的导游或者领队人员依法应当承担的赔偿责任为保险标的的保险。

2．旅行社责任保险的特征

（1）是由投保的旅行社支付保险金

旅行社责任保险是由投保的旅行社按照保险合同的约定向保险公司支付；不同于旅游意外险的支付者是旅游者，是由旅游者直接向保险公司支付或由旅行社代保险公司收取的。

（2）保险事故发生的责任者是旅行社

旅行社责任保险的事故责任者是旅行社，在旅游过程中由于旅行社自身的疏忽、过失等原因致使旅游者人身、财产遭受损害，应该由旅行社承担责任，并承担赔偿损失；不同于旅游意外险的事故责任者是不确定的，旅游意外事故是不可预计、不能避免的客观情况。

（3）旅行社责任赔偿的承担者是承保的保险公司

一般来说，损害赔偿是应由责任者来承担的，由于旅行社已经向保险公司买了保险，从而把赔偿责任转移给了承保的保险公司。

3．旅行社责任保险的性质

《旅游法》规定，旅行社必须投保旅行社责任保险，并明确指出如果未按照规定投保旅行社责任保险的，会视情节轻重受到不同的处罚甚至吊销旅行社业务经营许可证。

我国的保险合同分为自愿保险和强制保险合同两种，而旅行社责任保险就属于强制保险。

二、旅行社责任保险合同

旅行社责任保险合同必须具备的要素有以下几个方面：

1. 旅行社责任保险合同的主体

旅行社责任保险合同的主体，是指保险合同参加者或当事人，一般包括保险合同的当事人和保险合同的关系人。

（1）投保人

旅行社责任保险合同的投保人是旅行社，也就是旅行社为了自己的利益，避免损失而向保险公司投保，从而成为旅行社责任保险合同的投保人。

（2）被保险人

旅行社责任保险合同的被保险人是投保的旅行社，旅行社责任保险是旅行社为了转移风险而为自己投的保险。

（3）受益人

旅行社责任保险的受益人是旅行社。

（4）保险人

履行责任保险合同的保险人就是承保旅行社责任保险的保险公司。

2. 旅行社责任保险合同的客体

旅行社责任保险合同的客体，根据《旅行社责任保险管理办法》第四条规定，就是旅行社责任保险的保险责任，应当包括：

（1）旅游活动中依法对旅游者的人身伤亡、财产损失承担的赔偿责任。

（2）依法对受旅行社委派并为旅游者提供服务的导游或者领队人员的人身伤亡承担的赔偿责任。

（3）因旅行社疏忽或过失应当承担的赔偿责任。

（4）因发生意外事故旅行社应当承担的赔偿责任。

3. 免责条件

在保险实务中，除公众责任保险的一般免责情形外，保险人对于下列原因造成的损失、费用和责任不负责赔偿：

（1）旅游者的犯罪、过失行为和自身疾病。

（2）被保险人的旅游服务质量未达到国家、行业或合同规定的标准。

（3）被保险人委托非旅行社的单位或个人代办旅游业务。

（4）从事高风险项目，如赛车、狩猎、骑马、攀岩、漂流、潜水、滑雪、滑板、水上摩托艇、跳伞等活动。

三、旅行社责任保险管理办法的若干规定

《旅行社责任保险管理办法》对旅行社责任保险做出了相关规定，主要有：

1．保险期限

保险期限是指保险合同的有效期，即保险人依法承担保险责任的期限，《旅行社责任保险管理办法》规定，旅行社责任保险的期限为一年，在一年的保险期内，如果发生投保范围内的赔偿责任，则由承保的保险公司承担赔偿责任。

2．保险金额

保险金额是指保险人承担赔偿或者给付保险金责任的最高限额，也是投保人对保险标的的实际投保金额，《旅行社责任保险管理办法》规定，旅行社责任保险责任限额可以根据旅行社业务经营范围、经营规模、风险管控能力、当地经济社会发展水平和旅行社自身需要，由旅行社与保险公司协商确定，但每人人身伤亡责任限额不得低于 20 万元人民币。

知识链接

新旅游形式下的新《办法》

随着我国旅游业的蓬勃发展，为了适应新的形势，2011 年 2 月 1 日起正式施行《旅行社责任保险管理办法》(下称为《办法》)，《办法》有不少新的内容：

• 联合立法，《办法》是由国家旅游局和中国保监会两个部门联合立法，这两个部门对旅行社和保险公司有相应的监管权和处罚权，改变了旧的《旅行社投保旅行社责任保险规定》(下称《规定》) 只是由旅游局单方面立法，缺少对保险公司的约束，立法效力增加。

• 保险标的有所扩大，改变了《规定》中保险标的就是旅游者人身财产损害承担的赔偿责任，还包括旅行社对于受其委派的导游和领队的人身损害的赔偿责任，是扩展到“雇主责任”的旅行社责任保险。

• 人身伤亡的赔偿限额提升，《规定》分别设定国内旅游每人赔偿的最低限额是 8 万元，出入境旅游最低限额为 16 万元，这一限额已远远不能和经济水平相协调，《办法》规定人身伤亡赔偿限额不低于 20 万元，旅行社还可以与保险公司就限额进一步协商，确定提升保额，以满足不同旅行社风险管理的需要。

3．投保

旅行社投保旅行社责任保险的，应当与保险公司订立书面保险合同，双方应当按照《中华人民共和国保险法》的有关规定履行告知和说明义务。保险合同生效以后，为了保证保险合同的连续性，《办法》做出规定，保险公司除符合《中华人民共和国保险法》

规定情形外，不得随意解除保险合同，而旅行社要解除保险合同的，应同时订立新的旅行社责任保险合同。旅行社要在保险合同期满前及时续保。

4．赔偿

旅行社投保旅行社责任保险后，一旦发生承保范围内的保险事故，应及时按照保险合同请求保险公司赔偿保险金，并提供相关的证明文件。如果旅行社怠于请求的，受害的旅游者、导游或领队有权就应当赔偿部分直接向保险公司请求赔偿保险金。

（1）时效

保险公司收到相关资料后，应及时做出核定，情形复杂的，应当在30日内把核定结果通知旅行社及受害人；对属于保险责任的，在与旅行社达成赔偿保险金协议10日内，履行赔偿保险金义务。

（2）先行支付

因抢救受伤人员需要保险公司先行赔偿保险金用于支付抢救费用的，保险公司在接到旅行社或者受害的旅游者、导游、领队人员的通知后，经核对属于保险责任的，可以在责任限额内先向医疗机构支付必要的费用。

（3）代位请求赔偿

因第三者损害而造成保险事故的，保险公司自直接赔偿保险金或者先行支付抢救费用之日起，在赔偿、支付金额范围内代位行使对第三者请求赔偿的权利。旅行社以及受害的旅游者、导游或者领队人员应当向保险公司提供必要的文件和所知道的有关情况。

5．罚则

对旅行社解除保险合同但未同时订立新的保险合同，保险合同期满前未及时续保，或是人身伤亡责任限额低于20万元人民币的，由县级以上旅游行政管理部门依照《旅行社条例》第四十九条的规定处罚，即由旅游行政管理部门责令改正；拒不改正的，吊销旅行社业务经营许可证。

案例学习

夺命桂林游

2010年2月5号，旅游者李某参加A旅行社组织的“桂林双飞六日游”，在游泳过程中李某被风浪卷走。死者家属将A旅行社起诉至人民法院，要求赔偿人民币30万元。经查A旅行社委托的桂林地接社聘请的导游没有导游证，属于违规操作，A旅行社对李某的死亡负有责任，法院支持了死者家属的请求，判决A旅行社支付李某家属30万元赔偿金。

2009年3月1号A旅行社曾按照规定在北京某保险公司投保了旅行社责任险，保险期险为一年，保单规定，国内旅游和出入境旅游每人限赔金额为20万元，A旅行社拿着判决书要求保险公司索赔被拒。A旅行社将保险公司诉至法院，要求保险公司承担保险责任，赔付A旅行社支付死亡赔偿金20万元，处理事故费用2万元，并承担诉讼费用。

问题：A旅行社诉讼请求是否合理，说说理由。

评析：A旅行社的诉讼请求是不合理的，虽然该旅行社曾投保了旅行社责任保险，在本案例中，由于A旅行社聘用了无证导游，属于违规行为，旅行社对李某的死负有责任，因为自身有明显过错，旅行社责任保险不予理赔，法院不支持A旅行社的诉讼请求。

思考与练习

1．什么是旅游目的地的安全风险提示制度？建立这一制度有什么意义？

2．旅游突发事件有哪些？旅游经营者面对突发事件应采取什么样的应对之策？

3．重大旅游安全事故有哪些处理程序？

4．《旅行社责任保险管理办法》对旅行社投保有哪些规定？

5．对外国人死亡事故的一般处理程序有哪些？

6．什么是旅行社责任险？它有什么特征？

7．旅行社责任保险合同的客体包含哪些方面？

第七章

chapter 7

旅游住宿管理法规制度

旅游住宿业是旅游业的三大支柱产业之一，据统计，在世界旅游收入中，住宿业收入通常占50%左右，是取得旅游收入的重要行业。作为旅游从业人员，了解饭店发展的概念和特征，掌握旅游饭店星级评定的范围、标准和程序，明确旅游住宿业治安管理法规制度，是十分必要的。

学习目标

- 了解旅游住宿业的发展。
- 理解饭店星级评定制度的内容及作用。
- 熟悉饭店星级评定的程序。
- 理解旅游饭店治安管理的主要内容及饭店的法律责任。

第一节　旅游住宿业概述

一、旅游住宿业的概念

旅游住宿业又称旅游饭店业，是指为旅游者提供住宿、餐饮及多种综合性服务的行业。在旅游业的食、住、行、游、购、娱六大要素中，旅游住宿业是一个十分重要的环节，与旅行社业、旅游交通业并称为旅游业的三大支柱，是人们在旅行游览活动中必不可少的“驿站”。

二、旅游住宿业的发展

旅游住宿业起源于古代罗马和中国的驿站，其基本作用就是向旅客提供旅途中的食宿，近代工业革命促进了它的发展，20 世纪中叶旅游活动的发展，使旅游住宿业成为国际性的经营项目和许多国家重要的经济成分。旅游住宿业在国际上大体经历了 4 个发展阶段：

1．客栈时期

19 世纪中期以前，旅游住宿业以客栈为主，设施简陋，规模较小，只满足投宿者吃饭、睡觉等基本需求，不提供其他服务。

2．大饭店时期

19 世纪中期至 20 世纪初，人们的生活方式随着工业化的进程发生了巨大的变化，原来的客栈已不能满足人们的消费需要，大饭店应运而生。此类饭店规模宏大，建筑与装饰豪华讲究，主要接待的是王室和特权阶层的人，饭店讲求礼仪、重视服务并尽量满足客人的要求。

3．商业饭店时期

20 世纪初至 20 世纪 50 年代，由于经济的快速发展，旅游活动在社会生活中的地位日益提高，无论是简陋的客栈还是豪华的大饭店都不能满足普通旅游者的需要，此时兴起的商业饭店面对的是普通大众，价格合理，并且能够提供方便舒适的高质量服务。

4．新型饭店时期

20 世纪 50 年代至今饭店种类多样化，能同时提供食宿、问询、洗衣、外币兑换、电话、医疗等多种服务。20 世纪中期以来，一些大的饭店集团开始向国外拓展市场，并逐步形成统一名称、统一标识、统一管理的饭店联合，饭店的功能日益多样化，休闲、保健、康乐、公务等服务项目越来越多。目前饭店联合在世界饭店业中有着举足轻重的地位，并且成为今后饭店发展的一大趋势。

知识链接

世界豪华饭店的起源

现代饭店起源于欧洲的贵族饭店。欧洲贵族饭店经营管理的成功者是西泽·里兹。西泽·里兹的格言是：客人是永远不会错的。他十分重视招徕和招待顾客，投客人所好。多年的餐馆、旅馆服务工作的经验，使西泽·里兹养成了一种认人、记人姓名的特殊本领。他与客人相见，交谈几句后就能掌握客人的爱好。把客人引入座的同时，就知道如何招待他们。这也许正是那些王侯、公子、显贵、名流们喜欢他的原因。客人到后，有专人陪同进客房；客人在吃早饭时，他把客人前一天穿皱的衣服取出，等客人下午回来吃饭时，客人的衣服已经熨平放好了。

里兹是一位商业天才，他在卢塞恩国家大旅馆当经理时，为了让客人从饭店窗口眺望远处山景，感受到一种特殊的欣赏效果，他在山顶上燃起烽火，并同时点燃了1万支蜡烛。这样的例子不胜枚举，取得了非常好的效果。

1898年6月，西泽·里兹建成了一家自己的饭店：里兹饭店，这一饭店遵循卫生、高效而优雅的原则。酒店位于巴黎一区的旺多姆广场北侧有一座5层楼高的巴洛克宫殿建筑，外观内敛低调，但一走进去就会被其精致和奢华所吸引，是当时巴黎最现代化的饭店。这一饭店在世界上第一次实现了“一个房间一个浴室”。里兹饭店的另一创新是用灯光创造气氛。西泽·里兹利用雪花罩将灯光射到有颜色的天花板上，这种反射光使客人感到柔和舒适，餐桌上的灯光淡雅，制造出一种神秘宁静和不受别人干扰的独享气氛，完美的设施和高档次的服务让一大批社会名流趋之若鹜，其中就有波斯国王、香水时装之王香奈儿等。当时里兹饭店特等套房一晚的房价高达2 500美元。

西泽·里兹被誉为“世界豪华饭店之父”，他的成功经验对目前豪华饭店经营管理仍然具有指导意义。

三、旅游住宿业的分类

旅游住宿业发展至今，可谓名目繁多，其功能、形式也各不相同，人们对旅游住宿业有一些基本的分类方法。

1．商业型饭店

商业型饭店就是为那些从事商业活动的旅游者提供住宿、膳食和商业活动及有关设施的饭店。

一般来讲，这类饭店都位于城市中心，从而为商业旅游者创造方便条件，饭店的设施要舒适、方便、安全，服务水准要求较高。国际饭店集团所属的饭店，绝大多数是商业型饭店。

2. 长住型饭店

长住型饭店主要为一般性度假旅客提供公寓生活，长住型饭店主要是接待常住客人，这类饭店要求常住客人先和饭店签订一项协议书或合同，写明居住的时间和服务项目。

我国有些饭店将其客房的一部分租给商社、公司，作为他们的办公地点、商业活动中心，形式为长住型饭店。此类饭店向长住商客提供正常的酒店服务项目，包括客房服务、餐饮服务、健身和康乐服务等，长住型饭店一般收费较高。

3. 度假型饭店

度假型饭店主要位于海滨、山城景区或温泉附近。它要离开嘈杂的城市繁华中心和大都市，但是交通要方便。度假型饭店不仅要提供舒适的房间，令人眷恋的娱乐活动和康乐设施，同时要提供热情而快速敏捷的服务。我国部分海滨城市如北戴河、青岛、三亚等地因其宜人的气候而有大量度假型酒店。

4. 会议饭店

会议饭店是专门为各种从事商业、贸易展览会、科学讲座会的商旅客人提供住宿、膳食和展览厅、会议厅的一种特殊的旅游饭店。

会议饭店的设施不仅要舒适、方便，有温馨的客房和提供美味的各类餐厅，同时要有大小规格不等的会议室、谈判间、演讲厅、展览厅等。并且在这些会议室、谈判间里都有良好的隔板装置和隔音设备。

此外还有公寓式饭店、产权式饭店、经济连锁饭店等。

第二节　旅游饭店星级评定制度

对饭店进行星级评定，是国际上通行的惯例，实行这一制度，不仅能使饭店管理向正规化、科学化的目标迈进，还可以方便旅游者选择，是我国实现酒店管理与国际标准接轨的重要举措。

一、旅游饭店星级评定制度概述

饭店的星级评定制度是按照饭店的建筑设备、饭店规模、服务质量、管理水平，用比较统一的等级标准，即1到5颗星来代表饭店不同的等级。

为了使我国饭店的经营管理水平与国际接轨，2010年，国家标准委员会发布了经过重新修改的《旅游饭店星级划分与评定》(GB/T 14308—2010)(以下简称新版国家标准)，这是我国第四次修订的标准，前三次标准的发布时间分别是1993年、1997年和2003年。

新版国家标准中出现了一些新变化，具体如下：

1. 用“旅游饭店”取代了“旅游涉外饭店”。

2. 按国际惯例明确了旅游饭店的定义。旅游饭店是指以间(套)为单位出租客房，以住宿服务为主，并提供商务、会议、休闲、度假等相应服务的住宿设施，按不同习惯它也被称为宾馆、酒店、旅馆、旅社、宾舍、度假村、俱乐部、大厦、中心等。

3. 取消了星级终身制。规定旅游饭店星级有效使用期限为3年。

4. 借鉴一些国家的做法，增加白金五星级饭店。

二、旅游饭店星级评定制度的主要内容

1. 旅游饭店星级的划分

旅游饭店用星级和颜色来划分饭店的等级，星级分为5个等级，即一星级、二星级、三星级、四星级、五星级(含白金五星级)。最低为一星级，最高为白金五星级。星级饭店的等级标准以镀金五角星为符号，星级越高，表示旅游饭店的档次越高。

星级饭店的标准由全国旅游饭店星级评定机构统一制作、核发。旅游饭店星级的标志须置于饭店前厅最明显的位置。

任何单位或个人未经授权或认可，不得擅自制作和使用。同时，任何饭店以“准X星”“超X星”或者“相当于X星”等作为宣传手段的行为均属违法行为。

阅读材料

酋长国宫殿酒店

全世界最豪华的酒店是酋长国宫殿酒店，位于阿联酋的首都阿布扎比的西北海岸边，拥有1 300多米的黄金海岸线。该酒店斥资30亿美元修建，是一座古典式的阿拉伯皇宫式建筑，有浓郁的阿拉伯民族特色。酒店装修耗费40吨黄金，奢华无比，其奢华程度超过了帆船酒店。酒店使用最新材料和技术，酒店的圆顶用最新照明技术、防腐特殊材料和纯金制造，一到晚上就会自动发光，金光闪闪，从酒店通道一头走到另一头，长近千米，有时客人在饭店用餐或购物后经常找不到房间，得找服务员领路才能“回府”。这座超豪华的酒店的所有房间都配备了号称22世纪的设备，无处不在的高科技让酒店的客人更加享受，这座在沙漠上拔地而起的酒店是阿联酋人创造的一个奇迹。

2．旅游饭店星级的有效期

凡是在我国境内正式营业一年以上的旅游饭店，均可申请星级评定。经评定达到相应星级标准的饭店，由全国旅游饭店星级评定机构颁发相应的星级证书和标志牌，星级标志的有效期为三年。

3．旅游饭店星级评定的机构及其分工

（1）全国星评委

旅游饭店星级评定工作由全国旅游饭店星级评定机构统筹负责，全国旅游星级饭店评定委员会为执行旅游饭店星级的划分与评定的最高机构，负责全国星评工作，授权并监督地方旅游饭店星级评定机构开展工作，组织实施五星级饭店的评定与复核工作，保持对各级旅游饭店星级评定机构所评定饭店星级的否决权。

（2）省级星评委

省级星评委贯彻执行并完成全国星评委部署的各项工作，负责并督导本省内各级旅游饭店星级评定机构的工作，向全国星评委推荐五星级饭店并把关。

（3）地区星评委

地区星评委贯彻执行并完成全国星评委和省级星评委布置的各项工作，负责本地区星级评定机构的工作，向省级星评委推荐四、五星级饭店。

4．旅游饭店星级评定的程序

（1）申请

申请评定的星级饭店应在对照新版国家标准充分准备的基础上，按属地原则向地区星评委和省级星评委逐级递交星级申请材料。

递交的申请材料包括：饭店星级申请报告、自查打分表、消防验收合格证（复印件）、卫生许可证（复印件）、工商营业执照（复印件）、饭店装修设计说明等。

（2）推荐

县（市）旅游局收到饭店申请材料后，应严格按照新版国家标准的要求，于一个月内对申报饭店进行星评工作指导。对符合申报要求的饭店，以星评委名义向地区星评委递交推荐报告。

（3）受理

地区星评委办公室对申报材料审核，合格的予以受理；不符合条件的退回申请人。

（4）检查

地区星评委在接到推荐报告后，在一个月之内通过明察暗访等方式对申请饭店进行评定检查并提出整改意见，各县（市）旅游局监督整改意见落实；对申请四星及其以上旅游饭店由地区星评委初检合格后向省旅游局提交推荐报告及相应的材料。

（5）评审

检查结束后一个月内，相应权限星评委应根据检查结果对申请星级的饭店进行审核。

（6）批复

对于经审核认定达到标准的饭店，相应权限星评委做出批准其为星级旅游饭店的批复，并授予星级证书和标志牌，批复结果在官方网站上同时公示。

5．旅游饭店星级的评定原则

在旅游饭店星级评定中，一般来说，饭店所取得的星级表明该饭店所有建筑物、设施设备及服务项目均处于同一水准。如果饭店由若干座不同建筑水平或设施设备标准的建筑物组成，旅游饭店星级评定机构应按每座建筑物的实际标准评定星级，评定星级后，不同星级的建筑物不能继续使用相同的饭店名称，否则，旅游饭店星级评定机构应不予批复或收回星级标志和证书。

饭店取得星级后，因改造发生建筑规格、设施设备和服务项目的变化，关闭或取消原有设施设备、服务功能或项目，导致达不到原星级标准的，必须向原旅游饭店星级评定机构申报，接受复核或重新评定，否则，原旅游饭店星级评定机构应收回该饭店的星级证书和标志。

6．旅游饭店星级复核及处理制度

旅游饭店的星级复核是星级评定工作的重要组成部分，其目的是督促已取得星级的饭店持续达标，星级复核分为年度复核和三年期满的评定性复核。

评定性复核工作由各级星评委委派星评员以明察或暗访的方式进行。各级星评委应于本地区复核工作结束后进行认真总结，并逐级上报复核结果。

对复核结果达不到相应标准的星级饭店，应按如下方法处理：

（1）给予相应的处理

相应级别星评委根据情节轻重给予限期整改、取消星级的处理，并公布处理结果。对于取消星级的饭店，应将其星级证书和星级标志牌收回。

（2）整改期限以一年为限

对酒店的整改，原则上不能超过一年。被取消星级的饭店，自取消星级之日起一年后，方可重新申请星级评定。

阅读资料

五星级饭店被“摘星”

全国旅游星级饭店评定委员会于2012年14日发布公告，京津等地6家五星级饭店被“摘星”，上海等地3家五星级饭店限期整改。同一天，全国旅游景区质量等级评定委员会通报，对湖南南岳衡山景区、福建土楼（南靖）旅游景区两家5A级旅游景区进行通报批评，要求限期整改，如不达标，将面临降级处理。国家旅游行政主管部门及全国行业组织“动真格”，成为我国旅游“追星”“5A”热的一剂醒脑良药。据介绍，为加强对星级饭店服务质量的监督管理工作，国家旅游局监督管理司今年4月派出国家级星评监督员，对国内15家五星级饭店进行暗访检查。根据暗访报告，按照国家标准规定，全国旅游星级饭店评定委员会决定，对不达标的6家饭店予以取消五星级旅游饭店资格的处理；对基本达到标准但存在一定问题的3家五星级饭店予以限期6个月整改的处理。

第三节　旅游住宿业治安管理法规制度

旅游住宿业治安状况的好坏，对旅游业的发展至关重要。1987年11月10日，公安部发布了《旅馆业治安管理办法》（下称《办法》）（于2011年进行了修订），这是我国旅游住宿业治安管理的基本行政法规，也是我国旅游住宿业健康发展的一个法制保障。

一、旅游住宿业治安管理的主要内容

1．开办旅游饭店的治安管理

《办法》规定，开办饭店，其房屋建筑、消防设备、出入口和通道等，必须符合《中华人民共和国消防法》等有关规定，并且要具备必要的防盗安全设施。申请开办旅游饭店，应经主管部门审查批准，经当地公安机关签署意见，向工商行政管理部门申

请登记，领取营业执照后，才可以开业。经批准开业的旅游饭店，如有歇业、转业、合并、迁移、改变名称等情况，应当在工商行政管理部门办理变更登记后3日内，向当地的县、市公安局、公安分局备案。

2．对旅游饭店经营中的治安管理

经营旅游饭店，必须遵守国家的法律，建立各项安全管理制度，设置治安保卫组织或者指定安全保卫人员。为了加强治安管理，《办法》做了以下规定：

（1）旅游饭店接待旅客住宿必须登记

登记时，旅游饭店必须查验旅客的身份证件，并要求旅客按规定的项目如实登记。在接待境外旅客住宿时，除了要履行上述查验身份证件、如实登记的规定项目外，旅游饭店还应当在24小时内向当地公安机关报送住宿登记表。

（2）对旅客寄存的财物，要建立严格、完备的登记、领取和交接制度

为了保障旅客财物安全，减少失窃、被盗等治安案件的发生，《办法》规定，旅游饭店应当设置旅客财物保管箱、柜或者保管室、保险柜，指定专人负责保管工作。

（3）旅游饭店对旅客遗留的物品，应当妥善保管

设法归还原主或揭示招领；经招领3个月后仍然无人认领的，则应当登记造册，并送当地公安机关按拾遗物品处理。对于旅客遗留物品中的违禁物品和可疑品，旅游饭店应当及时报告公安机关处理。

（4）禁止将违禁物品带入到旅游饭店

在旅游饭店经营中，如果发现旅客将违禁的易燃、易爆、剧毒、腐蚀性和放射性等危险品带入饭店，必须加以制止并及时报告公安机关处理，以避免安全事故的发生。公安机关对将上述危险品带入饭店的旅客，可以依照《中华人民共和国治安管理处罚法》有关条款的规定，予以行政处罚。如果因此发生重大事故、造成严重后果并构成犯罪的，由司法机关依法追究刑事责任。

3．旅游饭店开办娱乐服务场所的管理

随着旅游业的发展，旅游饭店在提供住宿、餐饮服务的基础上，也提供娱乐、健身等多项服务，除了执行《办法》中的相关规定，还应当遵照国家和当地政府的有关规定管理。2006年1月18日国务院第122次常务会议通过《娱乐场所管理条例》，对娱乐场所的管理内容如下：

（1）从事娱乐场所经营活动，须经文化、公安等部门审核，并领取营业执照。

（2）禁止在娱乐场所从事下列活动：

1）违反宪法确定的基本原则的。

2）危害国家统一、主权或者领土完整的。

3）危害国家安全，或者损害国家荣誉、利益的。

4）煽动民族仇恨、民族歧视，伤害民族感情或者侵害民族风俗、习惯，破坏民族

团结的。

5）违反国家宗教政策，宣扬邪教、迷信的。

6）宣扬淫秽、赌博、暴力以及与毒品有关的违法犯罪活动，或者教唆犯罪的。

7）违背社会公德或者民族优秀文化传统的。

8）侮辱、诽谤他人，侵害他人合法权益的。

9）法律、行政法规禁止的其他内容。

（3）娱乐场所提供娱乐服务项目和出售商品，应明码标价，并向消费者出示价目表；不得强迫、欺骗消费者接受服务，购买商品。

（4）歌舞娱乐场所应当按照规定在营业场所的出入口、主要通道安装闭路电视监控设备。并应当保证闭路电视监控设备在营业期间正常运行，不得中断。

（5）歌舞娱乐场所的包厢、包间内不得设置隔断，并应当安装展现室内整体环境的透明门窗。包厢、包间的门不得有内锁装置。

（6）歌舞娱乐场所不得接纳未成年人。除国家法定节假日外，游艺娱乐场所设置的电子游戏机不得向未成年人提供。

4．严禁在饭店内卖淫、嫖娼、赌博、吸毒等违法犯罪活动

《办法》规定，旅游饭店内严禁卖淫、嫖娼、赌博、吸毒、传播淫秽物品等违法犯罪活动。旅游饭店工作人员在工作中，如果发现违法犯罪分子、形迹可疑人员和被公安机关通缉的罪犯，应当立即向当地公安机关报告，不得知情不报或者隐瞒包庇。

如果饭店工作人员发现犯罪分子知情不报或者隐瞒包庇，公安机关可以酌情予以处罚。如果饭店负责人参与违法犯罪活动，其经营的饭店已成为犯罪活动场所，公安机关除依法追究刑事责任外，还应当会同工商行政管理部门对该饭店依法处理。

二、旅游饭店的法律责任

旅游饭店的法律责任是指由于旅游饭店在经营过程中有违法行为而依法承担的法律后果，这其中既有民事责任，也有行政责任，后果严重的可能承担刑事责任。

1．违反合同的民事责任

饭店接受客人的定金却没有为客人保留房间，这种行为是违法的，应当双倍返还定金。

2．因侵权行为产生的法律责任

侵权行为是指因过错侵害他人的财产或人身权利的违法行为，因此产生的责任称为侵权责任。

旅游饭店的工作人员在执行职务的过程中造成旅游者人身和财产的损失，饭店承担责任，如果饭店工作人员对旅游者的损害是个人行为，与职务无关，则由个人承担责任。

旅游饭店承担侵权责任的方式一般有停止侵害、排查妨碍、消除危险、返还财产、恢复原状、赔偿损失、消除影响、赔礼道歉等。

案例学习

住酒店被打，酒店要负责吗？

20×× 年 8 月的一天，王某在某市 A 酒店登记住宿，当晚 11 时许王某从外面返回酒店，在该酒店 4 楼的走廊遇到 4 位身份不明的男子对其进行殴打，期间有多人进行围观，其中有该酒店的保安及服务人员，尽管王某大声呼救，却无人前来劝阻，后来经过医院诊断为头部外伤、四肢多处软组织挫伤。王某认为在住店期间，酒店有责任保障他的人身安全，应该负责，而 A 酒店却拒绝承担责任。

王某于是向市人民法院提起诉讼，认为该酒店没有履行对客人的保障安全的责任，侵害了自己作为消费者的合法权益，请求法院予以赔偿医疗费、交通费、住宿费、误工费等合计 3 800 元，以及精神损失费 5 000 元，被告酒店认为赔偿的事实证据不够充分。

问题：人民法院应该支持王某的诉讼请求吗？说说理由。

评析：法院应该支持王某的诉讼请求。王某在住店期间，酒店有义务保障客人基本的人身和财物安全，当晚在酒店 4 楼的走廊遭到其他人殴打，酒店并没有对客人履行保障安全责任，导致客人身上多处受伤，身心受到极大伤害，应予以赔偿。

3．因违反行政管理规定而产生的行政责任

（1）违反旅游行政管理部门的管理行为，如违反国家旅游局价格管理规定，降低服务标准和接待规格，造成不良影响等。

（2）违反治安管理的行为，如饭店工作人员发现违法犯罪分子不报告，或允许违法犯罪分子在饭店卖淫、赌博、吸毒等。公安机关可以依照《中华人民共和国治安管理处罚法》有关条款的规定，处罚有关人员，对于情节严重构成犯罪的，由司法机关依法追究刑事责任。

案例学习

汽车在酒店停车场被盗，酒店该负责吗？

20×× 年 7 月，张某开车到广州市某宾馆参加一个会议。到了宾馆，张某按照宾馆停车场保安人员的指挥，将车停到宾馆的收费停车场，并交纳了 5 元停车费，会议结束后，张某发现自己的车子丢失。由于丢车事件是发生在宾馆的收费停车场，为此张某要求宾馆进行赔偿，但宾馆声称 5 元收费只是占地费，不负责保管。

几经交涉未果，张某一纸诉状将该宾馆告上法庭，要求对其车辆进行全额赔偿。

问题：法院是否应支持张某的主张，说明理由。

评析：应予以赔偿，虽然张某只交了 5 元的停车费，却已经确立了和宾馆的合同关系，宾馆就应该对客人的车辆安全承担责任，客人车辆丢失，宾馆应进行赔偿。

思考与练习

1．简述旅游饭店的星级评定程序。

2．简述旅游饭店星级评定机构及其分工。

3．什么是旅游饭店星级复核制度？这一制度有什么意义？

4．旅游饭店的星级评定原则有哪些？

5．如何加强对旅游饭店经营中的治安管理？

6．什么是旅游饭店的法律责任？分别描述旅游饭店应承担的法律责任。

第八章

chapter 8

旅游景区管理法规制度

旅游景区是旅游活动的重要载体，通过对旅游景区质量等级的评定和管理，能促进旅游业的可持续发展。我国制定了《旅游景区质量等级的划分与评定》以及《旅游景区质量等级管理办法》，使旅游景区的质量等级管理更加规范。

学习目标

- 理解旅游景区的含义及分类。
- 熟悉旅游景区等级划分的标准。
- 熟悉旅游景区质量等级评定的程序。
- 掌握旅游法对旅游景区的规范和限制。

第一节　旅游景区概述

一、旅游景区的含义

旅游景区，是指具有独特美学价值的自然景观和人文景观的空间载体，能激发起旅游者的旅游兴趣，满足旅游者参观、游览、康乐等方面的需求，具备相应的旅游服务设施及提供相应的旅游服务，具有相对完整管理系统的游览区。

旅游景区是自然旅游资源和人文旅游资源的精华，是旅游活动的载体和核心，也是旅游业重要的组成部分。

二、旅游景区的分类

通过对旅游景区进行分类，对其所依托的旅游资源进行深层次的评价，逐步、系统地开发，可以加强对旅游资源的保护。根据旅游景区所依托的旅游资源的不同特点，可以分成以下几类：

1．自然景观

自然景观是指以山川、水域、动植物等自然要素构成的景观，比如山岳景观、海滨景观、森林景观、草原景观等，具体可以分为：

（1）自然保护区

自然保护区是指有代表性的自然生态系统、珍稀濒危野生动植物物种的天然集中分布区、有特殊意义的自然遗址等保护对象所在的陆地、陆地水体或者海域，依法划出一定面积予以特殊保护和管理的区域。

我国自然保护区的类型很多，包括森林、草原、海洋、地质遗迹等，如以保护大熊猫为主的四川卧龙自然保护区，以保护热带自然生态系统的云南西双版纳自然保护区等。

（2）森林公园

森林公园是指森林资源丰富，自然景观集中，环境优美，具有一定规模范围，经批准供人们旅游观光和进行科学文化教育活动的场所。

森林公园可以分为国家级森林公园、省级森林公园、市县级森林公园，如千岛湖国家森林公园、张家界国家森林公园等。

（3）地质公园

地质公园是在地球形成、演化的漫长地质历史时期，受各种内、外动力地质作用，形成、发展并遗留下来的自然产物，是珍贵的、不可再生的地质自然遗产，如安徽黄山地质公园、江西庐山地质公园等。

（4）野生动植物园

野生动植物园是指在自然状态下，非人工驯养的各种动物和植物的野生生态系统，如我国海南热带野生动植物园，就是能展现海南岛热带雨林野生生态系统的 4A 级旅游景区。

2. 人文景观

（1）历史古迹

历史古迹是指人类社会在历史发展过程中留存下来的活动遗址、遗迹。主要包括人类历史文化遗址、古代建筑、古代陵寝和历史文物。

 **阅读资料**

世界文化遗产：北京故宫

故宫，又称紫禁城，是明清两代的皇宫，曾住过 24 位皇帝，是世界上现存规模最大最完整的古代木结构建筑群。整个故宫金碧辉煌，庄严绚丽，被誉为世界五大宫之一（北京故宫、法国凡尔赛宫、英国白金汉宫、美国白宫、俄罗斯克里姆林宫）。

紫禁城始建于明永乐四年，历时 14 年才完工，占地 72 万多平方米，共有各类房屋 9 000 多间，都是木结构、黄琉璃瓦顶、青白石底座，饰以金碧辉煌的彩画。这些建筑是沿着一条南北向中轴线排列，并向两旁展开，南北取直，左右对称。这条中轴线不仅贯穿在紫禁城内，而且南达永定门，北到鼓楼、钟楼，贯穿了整个城市，气魄宏伟，规划严整，极为壮观。建筑学家们认为故宫的设计与建筑，实在是一个无与伦比的杰作，它的平面布局、立体效果，以及形式上的雄伟、堂皇、庄严、和谐，都可以说是罕见的。它标志着我国悠久的文化传统，显示着五百多年前匠师们在建筑上的卓越成就。

1987年故宫被联合国教科文组织世界遗产委员会列为世界文化遗产，现在作为著名旅游景区对外开放。

（2）古典园林

我国的古典园林是人类文明的重要遗产，有着深厚的文化内涵，体现出很高的审美情趣，既可以分为皇家园林和私家园林，也可以按照所处的位置分为北方园林、江南园林和岭南园林，不同地域的园林有着完全不同的风格。

（3）宗教文化景观

包括宗教建筑景观（如洛阳白马寺）、宗教活动景观和宗教艺术景观。

（4）民俗风情

各地不同的历史传统、文化积淀和生活方式形成了独具特色、丰富多彩的民俗风情旅游资源，我国著名的民俗风情旅游景区有云南的印象刘三姐、陕西的党家村民居等。

3. 人造景区

人造景区包括主题乐园、游乐园、海洋馆及动物园等。

4. 休闲度假区

休闲度假区是指具有一定规模和游览条件，由全国旅游景区质量等级委员会评定，国务院批准成立的供人们休闲、度假的地域。

5. 节事庆典

像一些大型的活动、博览会及艺术节等，如上海世博会、北京奥运会等。

三、与旅游景区相关的法律制度

一直以来我国对旅游景区法律法规的建设重视不够，但近年来我国也陆续出台了一些与旅游景区相关的法律法规，在一定程度上对旅游景区的发展起到规范和调节的作用。

2006年发布实施的《风景名胜条例》，对风景名胜区进行规范和管理；同年实施的《世界文化遗产保护管理办法》，保护我国进入《世界遗产名录》的世界文化遗产和文化与自然混合遗产中的文化遗产部分，这些珍贵的世界文化遗产都是著名的旅游景区；还有2011年施行的《国家级森林公园管理办法》等，这些法律制度促进了旅游景区的良性发展。

第二节 旅游景区质量等级划分与评定

一、旅游景区质量等级的划分

1. 旅游景区质量等级划分的意义

对旅游景区进行质量等级划分可以加强对旅游景区的管理，提升旅游景区服务质量和管理水平，维护旅游景区和旅游者的合法权益，树立旅游景区行业的良好形象，促进旅游业的可持续发展。

2. 旅游景区质量等级的分类及评定标准

（1）旅游景区质量等级的分类

旅游景区质量等级划分从高到低分为五级，依次为 5A、4A、3A、2A、1A 级旅游景区。

（2）旅游景区质量等级标志的要求

旅游景区质量等级的标牌、证书是旅游景区达到相应质量等级的标志，由全国旅游景区质量等级评定委员会统一制作，并由相应评定机构颁发。旅游景区在对外宣传资料中应正确标明其等级。旅游景区质量等级标牌，须置于旅游景区主要入口显著位置，如图 8—1 所示。

图 8—1　5A 级旅游景区的标牌

旅游景区可根据需要自行制作庄重醒目、简洁大方的质量等级标志，标志在外形、材质、颜色等方面要与景区特点相一致。

（3）旅游景区质量等级的评定标准

对旅游景区划分相应的质量等级，需要按照如下的标准来评定：

1）旅游交通。包括可进入性、交通设施的完善及进出的便捷程度等方面，还包括有与景区相协调的停车场（停船场），游览线路布局的合理程度以及清洁能源交通工具的使用程度等方面。

2）游览方面。包括游客中心有合理的位置、适度的规模，以及有与景观环境相协调的引导标语，游客公共休息设施布局合理等。

3）旅游安全。包括游览、娱乐等设备完好，建立紧急救援机制，设有突发事件处理预案，应急处理能力强，事故处理及时、妥当，档案记录准确、齐全。

4）旅游购物。包括旅游购物场所布局合理程度，场所集中管理、统一管理措施的完善程度等。

5）经营管理。包括管理体制、投诉机制健全程度，能为特殊人群提供特殊服务等。

6）资源和环境保护。包括空气的质量、噪声指标及地表水质量达到国家规定，景观、文物、古建筑保护费用的投入、保护措施及保护制度到位，周边环境与景观的协调性等。

7）旅游资源的吸引力。包括旅游资源的观赏游憩价值、历史文化价值、珍稀或奇特程度以及旅游资源的规模等。

8）市场吸引力。包括旅游景区的美誉度、景区的特色、接待游客的数量等。

上述评价标准的得分越高，旅游景区的质量等级的划分就越高。

二、旅游景区质量等级评定程序

1. 旅游景区质量等级申请

（1）申请条件

《旅游景区质量等级管理办法》第三条规定，凡在中华人民共和国境内正式开业一年以上的旅游景区，均可申请质量等级。旅游景区在质量等级申请前要根据国家评定标准认真完成自查、自评和整改工作，然后可以向所在地旅游行政主管部门申请初评。

（2）申请原则

旅游景区质量等级申请应遵循自愿申报、分级评定、动态管理、以人为本、持续发展的原则。

3A级及以下等级旅游景区由省级旅游景区质量等级评定委员会或由其授权的地市级旅游景区质量等级评定委员会评定；4A级旅游景区由省级旅游景区质量等级评定委员会推荐，全国旅游景区质量等级评定委员会组织评定；5A级旅游景区从4A级旅游景区中产生，被公告为4A级三年以上的旅游景区可申报5A级旅游景区。

（3）申请所需材料

申报A级景区，由所在地景区质量等级评定机构逐级提交评定申请报告、旅游景区质量等级评定报告书和创建资料，包括景区创建工作汇报、服务质量和环境质量具体达标说明及图片、景区资源价值和市场价值具体达标说明及图片；申报4A、5A级景区，应同时提交电子版。

2. 申报4A级及以下旅游景区的评定程序

（1）材料审核

市旅游景区质量等级评定委员会对景区申报材料进行全面审核，通过审核的景区，进入初评阶段。材料不齐全或不符合要求的，一次性告知，要求补全或修改，不予批准的明确告知，并说明原因。

（2）初评

由市旅游景区质量等级评定委员会进行初评，旅游景区对照初评意见进行整改。

（3）复核评定

符合评定条件的旅游景区向省旅游景区质量等级评定委员会申报，由省旅游景区质量等级评定委员会进行复核评定。

（4）现场检查

省、市旅游景区质量等级评定委员会组织现场检查和暗访，检查内容包括景区交通等基础服务设施，安全、卫生等公共服务设施，导游导览、购物等游览服务设施等，现场检查达标的景区，进入社会公示程序。

（5）社会公示

省、市旅游景区质量等级评定委员会对达到标准的申报景区，对符合景区质量等级评定标准的景区提交省旅游景区等级评定委员会会审；通过会审后，直接向全社会公示五个工作日；经公示无异议后发布公告。3A级以下的旅游景区由省旅游景区质量等级评定委员会组织评审、公告颁发证书和标牌。4A级旅游景区由省旅游景区质量等级评定委员会审核、检查合格后，向全国旅游景区质量等级评定委员会推荐。

3. 申请5A旅游景区的评定程序

5A级旅游景区从4A级旅游景区中产生，由省级旅游景区质量等级评定委员会推荐，全国旅游景区质量等级评定委员会组织评定，5A级旅游景区的评定程序如下：

（1）材料审核

全国旅游景区质量等级评定委员会对景区申报材料进行全面审核，包括景区名称、范围、管理机构、规章制度及发展状况等。通过审核的景区，进入景观价值评价程序，未通过审核的景区，一年后方可再次申请重审。

（2）景观价值评价

全国旅游景区质量等级评定委员会对景区资源吸引力和市场影响力进行评价，包括景区观赏游憩价值、历史文化科学价值、知名度等方面，通过景观价值评价的景区，进入现场检查程序，未通过景观评价的景区，两年后方可再次申请重审。

（3）现场检查

全国旅游景区质量等级评定委员会采取暗访方式对景区服务质量与环境质量进行现场检查，包括景区交通等基础服务设施，安全、卫生等公共服务设施，导游导览、购物等游览服务设施等，现场检查达标的景区，进入社会公示程序，未达标的景区，一年后方可再次申请现场检查。

（4）社会公示

对达到标准的申报景区，在中国旅游网上进行七个工作日的社会公示。公示阶段无重大异议或重大投诉的旅游景区通过公示，若出现重大异议或重大投诉的情况，将由全国旅游景区质量等级评定委员会进行核实和调查，做出相应决定。

（5）发布公告

经公示无重大异议或重大投诉的景区，由全国旅游景区质量等级评定委员会发布质量等级认定公告，颁发证书和标牌。

三、旅游景区的管理和监督

1. 管理机构

各级旅游景区质量等级评定机构对所评旅游景区要进行监督检查和复核，即省市旅游景区质量等级评定委员会对 3A 级及以下的旅游景区进行监督检查，全国旅游景区质量等级评定委员会对 4A、5A 级旅游景区进行监督检查。

2. 监督检查

对旅游景区监督检查的方式有：重点抽查、定期明察和不定期暗访以及社会调查、听取游客意见反馈等。

全国旅游景区质量等级评定委员会负责建立全国旅游景区动态监测与游客评价系统和景区信息管理系统，系统收集信息和游客评价意见，作为对旅游景区监督检查和复核依据之一。

3. 复核

4A 级及以下等级的旅游景区复核工作主要由省级质量等级评定委员会组织和实施，复核分为年度复核与五年期满的评定性复核，年度复核采取抽查的方式，复核比例不低于 10%。

5A 级旅游景区复核工作由全国旅游景区质量等级评定委员会负责，每年复核比例不低于10%。经复核达不到要求的，视情节给予相应处理。

4. 对旅游景区的处理

（1）对旅游景区进行处理的情形

1）游客好评率较低，社会反响较差。

2）发生重大安全事故，被游客进行重大投诉经调查情况属实。

3）未按时报送数据信息或填报虚假信息。

4）经复核达不到要求的。

（2）处理方式

对旅游景区的处理方式包括签发警告通知书、通报批评、降低或取消等级。

旅游景区接到警告通知书、通报批评、降低或取消等级的通知后，须认真整改，并在规定期限内将整改情况上报相应的等级评定机构。整改期满仍未达标的，将给予降低或取消等级处理。被降低或取消质量等级的旅游景区，自降低或取消等级之日起一年内不得重新申请等级。

（3）处理权限

旅游景区质量等级评定委员会签发警告通知书、通报批评、降低或取消等级的处理权限如下：

1）省级旅游景区质量等级评定委员会有权对达不到标准规定的4A级及以下等级旅游景区进行相应的处理，并报全国旅游景区质量等级评定委员会备案；如需对4A级旅游景区做出降低或取消等级的处理，须报全国旅游景区质量等级评定委员会审批并对外公告。

2）全国旅游景区质量等级评定委员会对达不到标准规定的5A级旅游景区做出相应处理。

阅读资料

旅游景区的降级警告

国家旅游局2015年4月2号召开新闻发布会通报，从去年四季度到今年一季度，山西忻州五台山、南京夫子庙秦淮河观光带等9家5A级景区被警告，限期整改，否则可能面临摘牌或降级。国家旅游局组织专家对一批问题突出的5A级景区进行了暗访，结果发现部分景区存在旅游安全管理、环境卫生等问题。国家旅游局决定责成景区整改，限3～6个月整改到位。

有44家A级景区被摘牌，包括邢台临城丰乐园景区、南昌宝葫芦农庄两家4A级景区，南通城隍庙等20家3A级景区。通过对旅游景区进行治理整顿，将会使旅游景区的管理更加规范，有更良好的运营秩序，让游客有更好的旅游环境。

第三节　旅游景区管理相关法规

一、旅游景区开放的限制条件

近年来，旅游景区盲目建设、无序扩张的情况时有发生，不仅造成了旅游资源的极大浪费，也给生态环境带来了严重的破坏，旅游法做出了明确的规范和限制。

1．旅游景区在开放之前要有明确的规划

县级以上人民政府应当把旅游发展纳入到国民经济和社会发展规划，进行有计划、有层次的旅游开发，根据旅游发展规划，县级以上地方人民政府可以编制重点旅游资源开发利用的专项规划，对特定区域内的旅游项目、设施和服务功能配套提出专门要求。

对自然资源和文物等人文资源进行旅游利用，必须严格遵守有关法律、法规的规定，符合资源、生态保护和文物安全的要求，尊重和维护当地传统文化和习俗，维护资源的区域整体性、文化代表性和地域特殊性，并考虑军事设施保护的需要。

2．旅游景区开放应具备的条件

《旅游法》第四十二条要求景区开放应当具备以下条件：

（1）有必要的旅游配套服务和辅助设施。

（2）有必要的安全设施及制度，经过安全风险评估，满足安全条件。

（3）有必要的环境保护设施和生态保护措施等。

二、旅游景区相关的法律规定

1．对旅游景区门票及收费的规定

近年来，景区门票价格随意上涨的情况屡见不鲜，引发了公众对旅游市场能否良性发展的担忧，旅游法对此做出了规范和限制：

（1）严格控制价格上涨

《旅游法》第四十三条明确指出，利用公共资源建设的景区，门票不得随意涨价，也不得通过另行增加收费项目变相涨价。

世界自然文化遗产、风景名胜区、自然保护区、重点文物保护单位、珍贵文物收藏单位等利用公共资源建设的景区，其依托的资源具有较强的观光、游览价值，其核心吸引力来自公共资源，应体现出价格的公益性。

1）拟收费或者提高价格的，应当举行听证会，征求旅游者、经营者和有关方面的意见，论证其必要性、可行性。

2）实行政府定价或是政府指导价。

3）公益性的城市公园、博物馆、纪念馆等，除重点文物保护单位和珍贵文物收藏单位外，应当逐步免费开放。

（2）醒目位置公示价格

《旅游法》第四十四条规定，景区应当在醒目位置公示门票价格、另行收费项目的价格及团体收费价格。

旅游景区应当明码标价，提前公示景区门票及景区内游览场所、交通工具及餐饮、住宿等另行收费项目的散客价和团队价，便于旅游者做出选择，保障旅游者的知情权和选择权。

同时为了限制门票随意、频繁的涨价，《旅游法》第四十四条还规定，景区提高门票价格应当提前六个月公布，保障旅游者的选择权，给旅游者和旅行社充分的准备和调整时间。

近年来，一些景区为了提高收益，将不同景区联合起来组成套票向旅游者捆绑销售，通过“一票制”“套票制”等形式变相涨价，剥夺旅游者的选择权，造成不好的社会影响。《旅游法》规定，不同景区的门票或者同一景区内不同游览场所的门票合并出售的，合并后的价格不得高于各单项门票的价格之和，且旅游者有权选择购买其中的单项票。

2. 对旅游景区最大承载量进行控制

在黄金周期间，爆满的旅游者让旅游景区不堪重负，甚至发生严重的踩踏事故，对旅游景区的安全管理和生态环境都提出了极大的挑战。

《旅游法》第四十五条明确规定，景区接待旅游者不得超过景区主管部门核定的最大承载量。这将避免高峰期景区内旅游者拥挤的现象，从而进一步提升旅游质量，保障安全的游览环境。可以通过门票预约的方式对景区旅游者的数量进行控制。

旅游者数量可能达到最大承载量时，景区应当提前公告并同时向当地人民政府报告，景区和当地人民政府应当及时采取疏导、分流等措施。

3. 明确旅游景区对旅游者负有安全责任

《旅游法》第四十二条、五十条及五十四条都明确规定了景区对旅游者的安全责任，景区应当加强日常安全训练，加大检查力度，能够应对突发事件。

三、对违反规定的处罚措施

1. 不符合旅游法规定的开放条件而接待旅游者的

由景区主管部门责令停业整顿，直至符合开放条件，方能重新开放；并处以二万元以上二十万元以下的罚款，罚款的幅度由景区主管部门根据具体情节裁量。

2．景区的旅游者数量可能达到最大承载量时，却没有尽到相关责任的

《旅游法》第一百零五条规定，旅游者的人数可能达到最大的承载量时，景区的违法情形如下：

（1）没有依照规定提前公告并向当地人民政府报告的。

（2）没有依照规定及时采取疏导、分流等措施的。

（3）超过最大承载量接待旅游者的。

其法律责任为：情节较轻的，由景区主管部门责令改正；情节严重的，责令停业整顿一个月至六个月，由景区主管部门根据具体情节裁量。

3．景区有擅自提高门票价格等违法行为的

《旅游法》第一百零六条规定，景区的违法行为包括：

（1）擅自提高门票或另行收费项目的价格。

（2）其他价格违法行为，如拒不执行政府指导价、政府定价，或者不在醒目位置公示门票价格、另行收费项目的价格等。

其法律责任为：《旅游法》对此没有做出直接的规定，可依照有关法律、法规处罚，如《价格法》第三十九条规定，经营者不执行政府指导价、政府定价以及法定的价格干预措施、紧急措施的，责令改正，没收违法所得，可以并处违法所得五倍以下的罚款；没有违法所得的，可以处以罚款；情节严重的，责令停业整顿。

《价格法》第四十二条规定，经营者违反明码标价规定的，责令改正，没收违法所得，可以并处五千元以下的罚款。

案例学习

游黄山摔伤致残，景区该赔吗？

20×× 年7月10日，时年54岁的南京孙女士等9人与江苏 ×× 旅行社签订了黄山三日游（7月11—13日）旅游合同，并缴纳了各项费用，期间有地陪导游陪同上山。7月13日下山时，孙女士一行沿台阶行至紫光阁，一脚踩空跌倒，这处台阶靠山崖一侧没有护栏，当即滚落山底，滚落过程中身体接连与山石碰撞，使其受伤十分严重，后被送往医院，经确诊全身多处骨折，同时全身软组织挫裂伤。在此期间，黄山当地的地接旅行社为孙女士垫付医疗费25 000元。孙女士回到南京后，又在附近的门诊进行了不定期治疗。后经鉴定为九级伤残。

为此，孙女士将南京、安徽的两家旅行社和黄山旅游公司告到南京鼓楼法院，索赔医疗费、残疾赔偿金，精神抚慰金等共计20.88万元。孙女士认为，对于自己的受伤，三被告均存在过错，对于可能危及旅游者人身、财产安全的旅游项目未履行告知和警示义务，黄山风景区缺少安全防护栏等基本措施。

两家旅行社辩称已尽到告知义务，不应承担责任，而黄山景区则认为孙女士不能提供证据，也不应承担责任。

问题：法院会支持孙女士的诉讼请求吗？为什么？

评析：法院认为，孙女士自身的不慎和疏忽是造成其受伤的直接原因，但是，孙女士所在的山坡左侧边缘有坠崖危险，存在一定的安全隐患，且一旦发生危险将造成严重后果，对此黄山旅游公司应当有所预见。若黄山旅游公司在台阶旁安装防护栏，孙女士即使从台阶边缘摔倒也不至于跌入山底。故黄山旅游公司对孙女士的受伤负有一定的责任，应当承担相应的赔偿责任。而孙女士作为成年人，对于山区旅游的安全问题理应明知，两家旅行社无须特别提醒和特殊保障，因此两家旅行社对孙女士损害的发生并无过错，不应承担责任。

根据孙女士和黄山旅游公司各自的过失，法院认定孙女士自身承担80%的责任，黄山旅游公司承担20%的责任，驳回孙女士其他诉讼请求。

思考与练习

1．什么是旅游景区？可以分为哪几类？

2．旅游景区质量等级评定机构对旅游景区的处理情形有哪些？有什么样的处理方法？

3．简述5A级旅游景区的评定程序。

4．申请旅游景区有什么样的条件和原则？

5．旅游景区开发应具备什么样的条件？

6．对擅自提高旅游景区门票价格的违法行为，应承担什么样的法律责任？

7．如果旅游景区门票要涨价，需要履行哪些必要程序？

第九章

chapter 9 旅游出入境管理法规制度

出入境旅游是我国旅游业的重要组成部分，对旅游者的出入境管理也是我国旅游法规体系中不可缺少的一环。我国于1986年分别制定了《中华人民共和国公民出入境管理法》和《中华人民共和国外国人出入境管理法》，此后又出台了相应的管理细则。为了适应快速变化的出入境形势，我国于2013年7月1日正式施行《中华人民共和国出境入境管理法》，更好地规范我国的出入境管理，维护我国的主权完整，确保国际间的交往，也保障了旅游者的合法权益。

学习目标

- 熟悉中国公民出入境管理的法律制度。
- 理解中国公民违反出入境管理法的法律责任。
- 熟悉外国人进入我国境内的签证管理。
- 熟悉外国人在我国居留的法律制度。
- 理解外国人违反出入境管理法的法律责任。

第一节　中国公民出入境管理

一、中国公民出境管理的法律制度

1．中国公民出境申请的办理

中国公民因旅游、探亲、留学或其他非公务活动申请出境的，需要向户籍所在地的县（市）级公安机关出入境管理部门提出申请，根据出境目的地的不同可以分别申请护照、往来港澳通行证或往来台湾通行证。

需要填写申请表，并提交本人的居民身份证、户口簿、近期免冠照片以及申请事由的相关材料。

公安机关出入境管理机构应当自收到申请材料之日起十五日内作出批准或不批准的决定，对不符合规定不予签发的，应当书面说明理由。

2．中国公民出入境的有效证件

（1）护照

护照是指主权国家政府发给本国公民出入境和在国外旅行、居留等合法的身份证件，以证明其国籍、身份及出国目的。

我国护照的种类可以分为以下三类：

1）外交护照。是指由外交部签发给出国从事外交工作的政府高级官员、外交及领事官员，参加国际会议的政府代表团成员的护照。也适用于驻外外交官的配偶及未成年子女。

2）公务护照。主要是发给一般官员和驻外使领馆的不具有外交职衔的工作人员，也适用于临时派往外国从事经济、文化等任务的人员。

3）普通护照。公民因前往国外定居、探亲、学习、就业、旅行、从事商务活动等非公务原因出国的，由本人向户籍所在地的县级以上地方人民政府公安机关出入境管理机构申请普通护照。普通护照的有效期为：护照持有人未满十六周岁的为五年，十六周岁以上的为十年。

护照是我国公民出入国境和在国外证明国籍和身份的证件。旅游者在境外遗失护照后的补办手续复杂，耗时长，十分麻烦，对护照的妥善保管尤为重要。

案例学习

用餐丢东西，旅行社该赔吗?

刘小姐参加了某旅行社组织的新马5日游，到达马来西亚的第二天早上，在酒店用餐时，刘小姐发现随身携带的一个背包不见了。她马上报告了导游和领队，并称背包内装有护照、往返机票、现金、照相机等财物，价值4万余元。刘小姐滞留马来西亚5天后，在旅行社的协助下办理了有关证件返回。

刘小姐返回后即投诉旅行社，称依照有关规定，旅行社应当保证所提供的服务符合保障旅游者人身、财物安全的要求，她是在旅行社提供的餐厅用餐时遗失背包的，说明旅行社提供的服务不符合保障旅游者财物安全的要求，因此要求该旅行社退还旅游费用，赔偿其丢失的财物4万元。旅行社称，在旅游过程中，导游和领队多次提醒旅游者注意人身和财物安全，刘小姐的财物系个人保管，并没有交与旅行社保管，因此，旅行社不应对旅游者随身携带物品的丢失承担责任。此外，刘小姐行李丢失后，旅行社及时、积极协助其报案、登报声明、补办临时护照、安排食宿并垫款购买了返回的机票，因此，旅行社已尽了责任。

问题：刘小姐要求旅行社赔偿的要求是否合理？其财产损失应当由谁来负责赔偿?

评析：刘小姐的赔偿要求是不合理的，虽然刘小姐在出境旅游过程中护照丢失带来诸多不便，但是在旅游过程中，旅行社已经尽到安全提示义务，并且刘小姐的财物是由自己保管，在她行李丢失后，旅行社积极协助其报案，登报声明，补办临时护照，并垫款购买返回的机票，旅行社已经尽到责任。刘小姐的财产损失应该由自己负责，旅行社不予赔偿。

（2）旅行证

旅行证是中国旅游者出入境的主要证件，由中国驻外的外交代表机关、领事机关或者外交部授权的其他驻外机关颁发。旅行证分为一年一次有效和两年多次有效两种。

（3）出入境通行证

中华人民共和国出入境通行证，是出入中国边境的通行证件，由省、自治区、直辖市公安机关及其授权的公安机关签发。这种证件在有效期内一次或多次出入境有效。

目前我国的出入境通行证主要分为：往来港澳通行证（前往香港、澳门特别行政区）和往来台湾通行证（前往台湾地区）。

（4）签证

签证是一个国家的主权机关在本国或外国公民所持的护照或其他旅行证件上的签注、盖印，以表示允许其出入本国国境或者经过国境的手续，对外国公民表示批准入境所签发的一种文件。

签证一般都签注在护照上，也有的签注在代替护照的其他旅行证件上，有的还颁发另纸签证。

中国公民作为旅游者前往一个国家或者中途停留，在获取护照和出境登记卡后，必须申办前往国的签证或者入境许可证。

阅读资料

出境旅游越来越便捷

随着我国经济地位的不断提升，国民出境旅游的消费能力不断增强，截至2014年，已有39个国家与我国签订53个简化签证手续协定，近90个国家缔结了各类互免签证协定。其中对中国免签证或落地签有19个国家，包括毛里求斯、韩国济州岛、美属北马里亚纳群岛联邦（包括塞班等）、印度尼西亚、圣马力诺、塞舌尔、萨摩亚、马尔代夫、海地、格鲁吉亚、文莱、斐济、科摩罗、帕劳、巴林、约旦、缅甸、牙买加、东帝汶，同时美国也将中国公民的旅游或短期商务签证期限从1年增至10年，还有一些国家也简化了对中国签证的手续，中国公民基本可以实现说走就走的旅游。

3．中国公民不准出境的情形

根据《出境入境管理法》的规定，有下列情形之一的，不准出境：

（1）未持有效出境入境证件或者拒绝、逃避接受边防检查的。

（2）被判处刑罚尚未执行完毕或者属于刑事案件被告人、犯罪嫌疑人的。

（3）有未了结的民事案件，人民法院决定不准出境的。

（4）因妨害国（边）境管理受到刑事处罚或者因非法出境、非法居留、非法就业被其他国家或者地区遣返，未满不准出境规定年限的。

（5）可能危害国家安全和利益，国务院有关主管部门决定不准出境的。

（6）法律、行政法规规定不准出境的其他情形。

二、中国公民入境管理的法律制度

按照《出境入境管理法》规定，定居国外的中国公民回国探亲、访友、经商、旅游等，需要办理下列入境手续：

1．定居国外的中国公民要求回国定居的

应当在入境前向我国驻外使馆、领馆或者外交部委托的其他驻外机构提出申请，也可以由本人或者经由国内亲属向拟定居地的县级以上地方人民政府侨务部门提出申请。

2．定居国外的中国公民在我国境内办理业务须提供身份证明的

定居国外的中国公民需要办理金融、教育、医疗、交通、电信、社会保险、财产登记等事务需要提供身份证明的，可以凭本人的护照证明其身份。

3．中国公民凭有效护照出入中国国境无须办理签证

三、中国公民违反出入境管理法的法律责任

我国公民有下列违法行为之一的：

1. 持用伪造、变造、骗取的出境入境证件出境入境的。

2. 逃避出境入境边防检查的。

3. 以其他方式非法出境入境的。

其法律责任为：处一千元以上五千元以下罚款；情节严重的，处五日以上十日以下拘留，可以并处二千元以上一万元以下罚款。

案例学习

私自涂改验讫章　留学生回国被罚

中国籍留学生王某从德国乘飞机返回北京，边检民警在查验其所持护照时，发现其中一对出入境验讫章有明显的涂改痕迹。王某承认，这是为了向其父母隐瞒他一月份私自回国见女友的经历，才涂改的验讫章。但他并不知道，这种行为已违反了我国出入境相关法律规定。边检部门依法对其做出收缴证件和罚款的处罚。

评析：护照是重要的出入境证件，护照内的任何信息都不能涂改或损坏。出境入境人员所持护照中，只要有一项是伪造或者变造的，即被视为持用伪造的出境入境证件。情节严重的，将受到罚款或拘留处罚。学生在留学期间，应严格遵守中国和留学所在国的法律法规。

第二节　外国人入出境管理

一、外国人入出境管理法律制度

2012 年 6 月 30 日，全国人大常委会通过《中华人民共和国出境入境管理法》，（简称《出境入境管理法》），根据《出境入境管理法》，2013 年 7 月 3 号，国务院常务会议通过《中华人民共和国外国人入境出境管理条例》（以下简称条例），凡外国人入、出、通过中华人民共和国国境和在中国居留、旅行，均适用于本法及条例。

二、外国人入境签证管理

1．外国人入境应当向驻外签证机关申请办理签证

《出境入境管理法》规定，外国人入境应当向驻外签证机关申请办理签证，同时应当向驻外机关提交本人的护照或者其他国际旅行证件，以及申请事由的相关材料，按照驻外签证机关的要求办理相关手续，接受面谈。

2．口岸签证

口岸签证，俗称落地签，是外国人申请入境的一种特殊方式，是使领馆签证的重要补充，也是国际社会较常见的做法。《出境入境管理法》规定，需要紧急入境和旅行社组织入境旅游可以通过口岸签证。

（1）需要紧急入境办理签证的

《出境入境管理法》第十九条规定，有下列情形需要紧急入境的外国人，持有关部门同意在口岸申办签证的证明材料，向口岸签证机关申请办理口岸签证。

1）出于人道原因需要紧急入境。

2）应邀入境从事紧急商务、工程抢修。

3）或者其他需要紧急入境的情形。

（2）团体旅游签证

旅行社按照国家有关规定组织入境旅游的，可以向口岸签证机关申请办理团体旅游签证。

口岸签证机关签发的签证一次入境有效，签证注明的停留期限不得超过三十日。

3．签证的种类

《出境入境管理法》第十六条规定，外国人的签证分为外交签证、礼遇签证、公务签证、普通签证 4 种。

因旅游、工作、学习、探亲、商务活动等非外交、公务事由入境的外国人，签发相应类别的普通签证。

知识链接

签证的种类

普通签证分为以下类别，并在签证上标明相应的汉语拼音字母：

C 字签证，发给执行乘务、航空、航运任务的国际列车乘务员、国际航空器机组人员、国际航行船舶的船员及船员随行家属和从事国际道路运输的汽车驾驶员。

D 字签证，发给入境永久居留的人员。

F 字签证，发给入境从事交流、访问、考察等活动的人员。

G 字签证，发给经中国过境的人员。

J1字签证，发给外国常驻中国新闻机构的外国常驻记者；J2字签证，发给入境进行短期采访报道的外国记者。

L字签证，发给入境旅游的人员；以团体形式入境旅游的，可以签发团体L字签证。

M字签证，发给入境进行商业贸易活动的人员。

Q1字签证，发给因家庭团聚申请入境居留的中国公民的家庭成员和具有中国永久居留资格的外国人的家庭成员，以及因寄养等原因申请入境居留的人员；Q2字签证，发给申请入境短期探亲的居住在中国境内的中国公民的亲属和具有中国永久居留资格的外国人的亲属。

R字签证，发给国家需要的外国高层次人才和急需紧缺专门人才。

S1字签证，发给申请入境长期探亲的因工作、学习等事由在中国境内居留的外国人的配偶、父母、未满18周岁的子女、配偶的父母，以及因其他私人事务需要在中国境内居留的人员；S2字签证，发给申请入境短期探亲的因工作、学习等事由在中国境内停留居留的外国人的家庭成员，以及因其他私人事务需要在中国境内停留的人员。

X1字签证，发给申请在中国境内长期学习的人员；X2字签证，发给申请在中国境内短期学习的人员。

Z字签证，发给申请在中国境内工作的人员。

案例学习

旅游签证的范围

原籍为中国广东的谢女士，在其丹麦丈夫的陪伴下回国探亲、旅游，二人经香港从深圳入境，并在口岸签证机关为其丈夫办理了深圳特区旅游签证。根据我国出入境管理的相关法律规定，持用经济特区旅游签证的外国人，在签证规定停留期内，不得离开经济特区。由于对我国出入境法律法规不了解，夫妻二人又一同来到北京旅游，超出了签证许可范围。当二人来到首都机场准备乘飞机回国时，被北京边检警方依法阻止出境。

评析：经济特区签证是发放给从深圳或珠海入境旅游的外国人的专用签证，其持用人只能在规定特区范围内活动，并从该特区口岸出入境。如确有特殊情况需要离开特区，需向当地公安出入境管理部门申请加签，否则将会受到处罚。

4. 外国人免办签证的情形

在下列情况下，外国人进入我国境内可以免办签证：

（1）与我国政府签订互免签证协议的国家，属于免办签证人员的。

（2）持有效的外国人居留证件的。

（3）持联程客票搭乘国际航行的航空器、船舶、列车从中国过境前往第三国或者地区，在中国境内停留不超过二十四小时且不离开口岸，或者在国务院批准的特定区域内停留不超过规定时限的。

（4）国务院规定的可以免办签证的其他情形。

5．对外国人拒发签证，不准入境的情形

（1）被处驱逐出境或者被决定遣送出境，未满不准入境规定年限的。

（2）患有严重精神障碍、传染性肺结核病或者有可能对公共卫生造成重大危害的其他传染病的。

（3）可能危害我国国家安全和利益、破坏社会公共秩序或者从事其他违法犯罪活动的。

（4）在申请签证过程中弄虚作假或者不能保障在中国境内期间所需费用的。

（5）不能提交签证机关要求提交的相关材料的。

（6）签证机关认为不宜签发签证的其他情形。对不予签发签证的，签证机关可以不说明理由。

三、外国人在中国居留的法律制度

1．居留证件的申办

《出境入境管理法》规定，外国人在中国居留的，需要申请办理居留证件，应当自入境之日起三十日内，向拟居留地县级以上地方人民政府公安机关出入境管理机构申请办理外国人居留证件。

（1）应提交的资料

交验护照、签证和与居留事由有关的证明，提交居留申请，交验健康证明书（申请1年以上的居留证），留存指纹信息，提交近期2寸半身正面免冠照片。

公安机关出入境管理机构应当自收到申请材料之日起十五日内进行审查并作出审查决定，根据居留事由签发相应类别和期限的外国人居留证件。

（2）居留证件期限

外国人工作类居留证件的有效期最短为九十日，最长为五年；非工作类居留证件的有效期最短为一百八十日，最长为五年。

（3）居留证件的变更

外国人居留证件登记事项发生变更的，持证件人应当自登记事项发生变更之日起十日内，向居留地县级以上公安机关出入境管理机构申请办理变更。

申请延长居留期限的，应当在居留证件有效期限届满三十日前，向居留地县级以上地方人民政府公安机关出入境管理机构提出申请，按照要求提交申请事由的相关材料。经审查，延期理由合理、充分的，准予延长居留期限；不予延长居留期限的，应当按期离境。

2. 居留证件的种类

（1）工作类居留证件，发给在中国境内工作的人员。

（2）学习类居留证件，发给在中国境内长期学习的人员。

（3）记者类居留证件，发给外国常驻中国新闻机构的记者。

（4）团聚类居留证件，发给因家庭团聚需要在中国境内居留的中国公民的家庭成员和具有中国永久居留资格的外国人的家庭成员，以及因寄养等原因需要在中国境内居留的人员。

（5）私人事务类居留证件，发给入境长期探亲的因工作、学习等事由在中国境内居留的外国人的配偶、父母、未满 18 周岁的子女、配偶的父母，以及因其他私人事务需要在中国境内居留的人员。

3. 对外国人居留的管理

（1）外国人在中国境内居留，要从事与居留事由相符的活动，并应在规定居留期满前离境。

（2）外国人在旅馆以外的其他住所居住或者住宿的，应当在入住后二十四小时内由本人或者留宿人，向居住地的公安机关办理登记。

（3）未经批准，外国人不得进入限制外国人进入的区域，包括旅行及其他活动。

4. 对外国人不予签发居留证件的情形

外国人有下列情形之一的，不予签发居留证件：

（1）所持签证类别属于不应办理外国人居留证件的。

（2）在申请过程中弄虚作假的。

（3）不能按照规定提供相关证明材料的。

（4）违反中国有关法律、行政法规，不适合在中国境内居留的。

（5）签发机关认为不宜签发外国人居留证件的其他情形。

四、外国人出境管理

1. 出境要求

外国人出境，应当向出入境边防检查机关交验本人的护照或者其他国际旅行证件等出境入境证件，履行规定的手续，经查验准许，方可出境。

2. 外国人不准出境的情形

（1）刑事案件的当事人，被判处刑罚尚未执行完毕或者属于刑事案件被告人、犯罪嫌疑人的，但是按照中国与外国签订的有关协议，移管被判刑人的除外。

（2）有未了结的民事案件，人民法院决定不准出境的。

（3）拖欠劳动者的劳动报酬，经国务院有关部门或者省、自治区、直辖市人民政府决定不准出境的。

（4）法律、行政法规规定不准出境的其他情形。

五、外国人违反《出境入境管理法》的法律责任

1. 外国人有下列违法行为之一的，给予警告，可以并处二千元以下罚款：

（1）拒不接受公安机关查验其出境入境证件的。

（2）拒不交验居留证件的。

（3）居留证件登记事项发生变更，未按照规定办理变更的。

（4）在中国境内冒用他人出境入境证件的。

（5）未按照本法第三十九条第二款规定办理登记的。

2. 外国人非法居留的，给予警告；情节严重的，处每非法居留一日五百元，总额不超过一万元的罚款或者五日以上十五日以下拘留。

3. 外国人未经批准，擅自进入限制外国人进入的区域，责令立即离开；情节严重的，处五日以上十日以下拘留。

案例学习

持假护照的外国人

2007年7月初，两名持英国护照的非洲旅客欲借道中国偷渡加拿大时，因为口音而意外“露馅”。当时，民警用英语询问这两名旅客的行程时，敏锐地发现两名旅客的英语虽然流利，但自称家住伦敦的他们所说的英语并不是伦敦口音，而且眼神中流露出一丝恐慌。

两位“英国”旅客护照被立即送往遣返审查所证件研究室鉴别。证研室民警运用专业文件检验仪仔细地对护照进行了检验，确认两位旅客所持护照系揭换照片的英国护照。民警迅速与英国驻北京大使馆的移民联络官取得联系，最终证实这两本英国护照已被英国移民局注销。

问题：对这样的案件，公安部门应该怎样处理？

评析：按照我国法律，对这些非法出入境的外国人将依据三种不同情况进行处理：如果够刑事立案标准，嫌疑人将被移交给北京市公安局出入境管理处；对于其他违法人员，如果来华居留时间较长，将被遣返回国籍国；否则将被原路退运，即从哪儿来回哪儿去。

案例学习

在中国出生的外国公民要办签证吗？

华侨张女士与其美国丈夫带着一岁半的美籍儿子Lucas，欲从首都机场返回美国，由于Lucas未申领中国签证，被依法阻止出境。据了解，Lucas出生在北京，此前从

未离开过中国。父母为其选择了美国国籍，并托人在美国为其办理了合法的美国护照，寄回中国。张女士与美国移民机关联系后，得知Lucas持空白美国护照可以入境美国，于是准备直接乘飞机离境。但她却忽略了我国关于外国人出入境管理的相关法律，没有为Lucas办理中国签证。根据我国法律，Lucas被阻止出境，一家三口的行程无奈被延误。

评析：外国人入境中国或在中国停留，必须持有中国签证。入境前应在我国驻外使领馆申请办理签证；对于在中国出生、在中国丢失护照、在中国签证过期的外国人，应向地方公安机关出入境管理部门提出申请，办理中国签证。出境时，凭有效中国签证办理边防检查手续。

思考与练习

1．简述护照和签证的区别。

2．我国公民出境申请的程序有哪些？

3．我国公民违反出入境管理法将会承担什么样的法律责任？

4．外国人不准入境的情形有哪些？

5．外国人不准出境的情形有哪些？

6．外国人在我国免办签证的情形有哪些？

7．简述对外国人不予签发居留证的情形。

第十章

chapter 10

旅游投诉管理法规制度

在旅游业快速发展的过程中，对旅游者的旅游侵权情况时有发生，旅游投诉是旅游者维权的有效途径，通过旅游投诉机构及时有效的处理，可以保障旅游者、旅游经营者的合法权益，维持正常的旅游秩序。

学习目标

- 理解旅游投诉的含义。
- 理解旅游投诉的受理条件及受理机构。
- 熟悉旅游投诉的管辖权。
- 理解旅游投诉的处理程序及其他解决途径。

第一节　旅游投诉概述

一、旅游投诉的内涵

1．旅游投诉的概念

2010 年 4 月 1 日通过的《旅游投诉处理办法》对旅游投诉的概念做出界定：旅游投诉是指旅游者认为旅游经营者损害其合法权益，请求旅游行政管理部门、旅游质量监督管理机构或者旅游执法机构（以下统称“旅游投诉处理机构”），对双方发生的民事争议进行处理的行为。

《旅游法》第九十一条规定，县级以上人民政府应当指定或者设立统一的旅游投诉受理机构。受理机构接到投诉，应当及时进行处理或者移交有关部门处理，并告知投诉者。

2．旅游投诉的特点

（1）投诉人与投诉事件有直接的利害关系。旅游投诉事件的当事人或事件的处理结果对其有直接影响并承担由此产生的后果。

（2）有损害行为发生。

（3）被投诉人主观上有过错。

（4）被投诉行为发生在旅游活动中或是与旅游活动有密切联系的行为。

3．旅游投诉的时效

旅游投诉的时效是旅游合同结束之后不超过 90 天。

二、旅游投诉的受理条件

1．旅游投诉必须符合以下的条件

（1）投诉人与投诉事件有直接的利害关系。

（2）有明确的被投诉人，具体的投诉请求、事实和理由。

（3）投诉范围符合《旅游投诉处理办法》所列的旅游投诉的范围。

2．旅游投诉的范围

（1）认为旅游经营者违反合同约定的。

（2）因旅游经营者的责任致使投诉人人身、财产受到损害的。

（3）因不可抗力、意外事故致使旅游合同不能履行或者不能完全履行，投诉人与被投诉人发生争议的。

（4）其他损害旅游者合法权益的。

3．旅游投诉的形式

（1）书面投诉

旅游投诉一般应当采取书面形式，一式两份，并载明下列事项：

1）投诉人的姓名、性别、国籍、通信地址、邮政编码、联系电话及投诉日期。

2）被投诉人的名称、所在地。

3）投诉的要求、理由及相关的事实根据。

（2）口头投诉

投诉事项比较简单的，投诉人可以口头投诉，由旅游投诉处理机构进行记录或者登记。

（3）委托投诉

投诉人委托代理人进行投诉活动的，应当向旅游投诉处理机构提交授权委托书，并载明委托权限。

（4）共同投诉

投诉人在 4 人以上就同一事由投诉同一被投诉人的，称为共同投诉，可以由投诉人推选 1 至 3 名代表进行投诉，代表人参加旅游投诉处理机构处理投诉过程的行为，对全体投诉人发生效力。

三、旅游投诉的处理机构

为了维护旅游者和旅游经营者的合法权益，旅游投诉处理机构依法公正处理旅游投诉，主要包括以下几个部门：

1．旅游行政管理部门

我国的旅游行政管理部门分为三级，一级是国家旅游局，是国务院主管旅游业的直属机构；二级是省级旅游局，是各省、自治区、直辖市一级地方旅游行业的主管部门；三级是各地级行政区、县级行政区的旅游局。旅游者可以向相应的旅游行政管理部门进行投诉。

2．旅游质量监督管理机构

旅游质量监督管理机构的设置遵循分级设立的原则，全国设立国家旅游局质检所，受理并处理各类旅游质量投诉案件；省级旅游质检所，直接处理本地区重大的和跨地（州）、市的投诉案件及省级各部门的旅游企业的投诉案件；地市级旅游质检所，处理本地区的旅游投诉案件。各级旅游质检所要及时处理受理的投诉。

3．旅游执法机构

我国有一些法规对旅游执法机构承担旅游投诉和监督检查做出了明确的规定。《旅行社条例实施细则》第五十条规定，县级以上旅游行政管理部门，可以在其法定权限内，委托符合法定条件的同级旅游质监执法机构实施监督检查。

阅读资料

旅游投诉在增长

根据人民网旅游投诉情况显示，2015年上半年该网站共收到有效投诉598条，投诉数量较去年同期增长63.4%。其中旅游产品退款和旅游购物成为最为突出的投诉热点，强制购物仍是投诉重灾区。针对投诉较为集中的旅行社、景区、酒店、导游四个方面，北京商报记者多方采访后发现，旅游投诉量的激增，很多是由于游客对“零负团费”“低价一日游”等旅游产品缺乏甄别，旅行社须加强行业自律，行政执法部门应切实负起监管责任。

北京地区在2015年1—6月的旅游投诉主要集中在旅行社、酒店、航空、景区、导游五大方面，其中旅行社的强制购物占投诉的66%，投诉所造成的消费者损失累计超过20万元。

第二节　旅游投诉管辖

旅游投诉管辖是指各级旅游投诉管理机关和同级旅游投诉管理机关之间，受理旅游投诉案件的分工和权限。

一、旅游投诉管辖的原则

准确界定旅游投诉管辖权限及分工，应该遵循三个重要的原则：

第一，效率原则。在确定旅游投诉管辖地、管辖机关等问题时，应当以方便旅游者投诉，方便旅游投诉管理机关，及时发现并制裁违法行为为出发点，而不应过多地考虑行政区划及行政级别等问题。

第二，兼顾旅游投诉处理机构的分工与案件性质的原则。

第三，原则性与灵活性相结合的原则。在确定旅游投诉管理机关或管辖案件时，既要按照有关规定各司其职，不越权、不推诿管辖，又要根据不同的情况，灵活地确定旅游投诉案件的管辖权。

二、级别管辖

级别管辖是指划分上下级旅游投诉管理机关之间对处理投诉案件的分工和权限。

1．上级旅游投诉机构的管辖权

《旅游投诉处理办法》第六条规定，上级旅游投诉处理机构有权处理下级旅游投诉处理机构管辖的投诉案件。

2．旅游投诉管辖权发生争议的

《旅游投诉处理办法》第七条规定，发生管辖争议的，旅游投诉处理机构可以协商确定，或者报请共同的上级旅游投诉处理机构指定管辖。

三、地域管辖

地域管辖是指同级旅游投诉管理机关之间横向划分，在各辖区内处理旅游投诉案件的分工和权限，即确定旅游投诉处理机构的地域范围，也就是某一旅游投诉应归何地旅游投诉管理机关处理的权限划分。

1．被投诉人所在地

《旅游投诉处理办法》第五条规定，旅游投诉由旅游合同签订地或者被投诉人所在地县级以上地方旅游投诉处理机构管辖。

被投诉者是公民的，其所在地是他长久居住的场所；若是法人，则以其主要办事机构所在地为住所。

2．损害行为发生地

需要立即制止、纠正被投诉人的损害行为的，应当由损害行为发生地旅游投诉处理机构管辖。

第三节 旅游投诉受理和处理

一、旅游投诉受理

1. 旅游投诉受理的概念

旅游投诉受理是指具有管辖权的旅游投诉处理机构，接到旅游者投诉，经审定符合立案条件而进行立案的行政执法行为。

2. 旅游投诉不予受理的情形

（1）人民法院、仲裁机构、其他行政管理部门或者社会调解机构已经受理或者处理的。

（2）旅游投诉处理机构已经作出处理，且没有新情况、新理由的。

（3）不属于旅游投诉处理机构职责范围或者管辖范围的。

（4）超过旅游合同结束之日 90 天的。

（5）不符合《旅游投诉处理办法》规定的旅游投诉条件的。

（6）其他经济纠纷。

二、旅游投诉处理程序

1. 投诉条件的审查

旅游投诉处理机构在接到投诉后，首先对旅游投诉的条件进行审查，应当在 5 个工作日作出以下处理：

（1）符合《旅游投诉处理办法》的，予以受理。

（2）不符合《旅游投诉处理办法》的，应向投诉人送达《旅游投诉不予受理通知书》，告知不予受理的理由。

（3）本机构无管辖权的，应当将投诉材料转交有管辖权的旅游投诉处理机构或者其他有关行政管理部门，并书面告知投诉人。

2. 立案办理

旅游投诉处理机构受理旅游投诉以后，应当立案办理，填写《旅游投诉立案表》，并附有关投诉材料，在受理投诉之日起 5 个工作日内，将《旅游投诉受理通知书》和投